BHAGAVADGITA

Bhagavadgita
Die Poesie Krishnas

AuraBooks

– Bibliografische Information der Deutschen Nationalbibliothek –
Die Deutsche Nationalbibliothek verzeichnet diese Publikation in
der Deutschen Nationalbibliografie; detaillierte bibliografische Daten
sind im Internet über http://dnb.d-nb.de abrufbar.

IMPRESSUM

ISBN: 978-3750495289
DIE BHAGAVADGITA – DIE POESIE KRISHNAS
Originalausgabe 2020/2011 (Print & eBook) by © *AuraBooks*®
Aus dem Sanskrit übersetzt von Leopold von Schroeder (1851–1920)
Mit einem Geleitwort des Übersetzers
Lektorat und Umschlaggestaltung: *textkompetenz.net*
Covermotiv: Indisches Motiv eines unbekannten Künstlers mit Krishna und Arjuna;
Fotografie: © Gaura, bereitgestellt unter Wikimedia Commons; Public domain
Herausgeber: © AuraBooks | eclassica@aurabooks.de
Gesetzt aus der Garamond
Herstellung und Verlag: BoD – Books on Demand, Norderstedt
Dieses Buch gibt es auch als eBook,
z.B. im amazon Kindle Bookstore

INHALT

VORBEMERKUNG

DIE BHAGAVADGITA (*Sanskrit: gita: Lied, Gedicht; bhagavan: Herr, Gott; also ›der Gesang Gottes‹*), verkürzt auch nur *Gita*, ist eine der zentralen Schriften des Hinduismus in Form eines spirituellen Gedichts. Der vermutlich zwischen dem fünften und dem zweiten vorchristlichen Jahrhundert entstandene Text ist eine Zusammenführung mehrerer verschiedener Denkschulen des damaligen Indien auf Grundlage der Veden, der Upanishaden und des orthodoxen Brahmanismus, steht aber den Upanischaden gedanklich am nächsten.

Die Gita, wie sie in Indien verkürzt genannt wird, besteht aus 700 Strophen, die auf 18 ›Gesänge‹ (Kapitel) verteilt sind. Sie ist eigentlich ein Teil des wesentlich längeren Mahabharata-Epos. Kein Text der Hinduliteratur wird so viel gelesen, so oft auswendig gelernt und so häufig zitiert, wie die 18 Kapitel der Bhagavadgita. Viele Hindus ziehen das Buch als wichtigen Ratgeber heran, und auch für Mahatma Gandhi war es von erheblicher Bedeutung.

Die Bedeutung der Bhagavadgita erstreckt sich jedoch nicht nur auf Indien – auch für viele Nicht-Hindus gehört sie zu den großen religions-philosophischen Dichtungen der Weltliteratur. Wilhelm von Humboldt nannte sie das »... schönste, ja vielleicht das einzig wahrhafte philosophische Gedicht, das alle uns bekannten Literaturen aufzuweisen haben«.

Die Bhagavadgita liegt hier in der Übersetzung von Leopold von Schroeder vor, versehen mit zahlreichen erklärenden Fußnoten.

ERSTER GESANG

Dhritarashtra[1] sprach

Im heiligen Land, im Kuru-Land, zusammentreffend kampfbereit,
Was taten dort, o Sanjaya[2], die Meinen und die Pândava[3]?

Sanjaya sprach

Als nun Duryodhana[4] das Heer der Pândus aufgestellt sah,
Da trat er zu dem Lehrer[5] hin, der König, und sprach dieses Wort:
Sieh dort der Pându-Söhne Heer, o Lehrer, das gewaltige,
Von deinem Schüler aufgestellt, dem klugen Sohn des Drupada[6].
Da stehen Helden, Pfeilschützen, dem Arjuna und Bhîma[7] gleich,
Yuyudhâna[8] und Virâta[9] und Drupada, der Wagenheld.
Dhrishtaketu[10], Cekitâna[11] und Kâçis[12] heldenhafter Fürst,
Purujit[13] und Kuntibhoja[14] und Çâivya[15] auch, der Männerstier.
Yudhâmanyu, der tapfre Held, und Uttamâujas[16], kraftbegabt,
Subhadrâs Sohn[17], der Drâupadî Söhne[18], auf hohen Wagen all.
Die Besten aber auch bei uns nimm, bester der Brahmanen, wahr,
Die Führer dieses meines Heers, – dich zu erinnern, nenn' ich sie:
Du selbst und Bhîshma[19], Karna[20] auch und Kripa, der im Kampfe
    siegt,
Açvatthâman[21] und Vikarna[22], wie auch des Somadatta Sohn;
Und viele andre Helden noch, ihr Leben opfernd meinethalb,
Schwingend der Waffen mancherlei, sie alle mit dem Kampf vertraut.
Nicht ist genügend unser Heer, ob Bhîshma auch sein Führer ist,
Genügend aber ist ihr Heer, an dessen Spitze Bhîma steht.
In all den Heeresreihen hier am rechten Platze aufgestellt,
Sollt denn ihr all, wie viel ihr seid, den Bhîshma schützen, wie ihr
    könnt.
Drauf ihm erweckend Kampfesmut blies laut das Muschelhorn der
    Greis,
Der hehre Ahn des Kuru-Stamms[23], dass es wie Löwenbrüllen scholl.
Die Muscheln und die Pauken drauf, die Trommeln und Drommeten all,
Die wurden da mit Macht gerührt, dass zum Getöse wuchs ihr Schall.

Auch Krishna und des Pându Sohn[24] bliesen die Himmelsmuscheln
laut,
Auf hohem Wagen stehend da, von lichten Rossen fortgeführt.
Krishna die Dämonsmuschel[25] blies, die Gottgeschenkte Arjuna,
Die große Muschel Pâundra blies der Schreckensmann Wolfseingeweid[26].
Die Siegesmuschel blies der Fürst, der Kuntî Sohn Yudhishthira,
Doch Nakula und Sahadev[27] auf Tonreich und Juwelenblüt.
Der Kâçi-Fürst, der beste Schütz, und Çikhandin[28], zu Wagen hoch,
Virâta, Dhrishtadyumna und Satyakas unbesiegter Sohn[29];
Drupada samt der Enkel Schar[30] und Abhimanyu, starken Arms,
Sie bliesen all, o Erdenherr, auf ihren Muscheln hier und dort.
Und dies Getön zerspaltete der Dhritarâshtra-Söhne Herz,
Da es den Himmel und die Erd' von wirrem Lärm erdröhnen ließ.
Als Arjuna nun vor sich sah der Dhritarâshtra-Söhne Schar,
Und der Geschosse Regen schon begann, hob er den Bogen hoch;
Sodann, zu Krishna hingewandt, sprach er dies Wort, o Erdenherr[31]:
Inmitten beider Heere hier halt', Ewiger du, den Wagen an!
Bis ich mir diese angesehn, die kampfbegierig stehn in Reihn, –
Mit wem ich denn da kämpfen soll im heissen Mühen dieser Schlacht.
Zum Kampfbereit seh' ich sie stehn, die hier am Ort versammelt sind,
Dem argen Dhritarâshtra-Sohn[32] im Streite ihren Arm zu leihn.
Also gemahnt von Arjuna hielt Krishna gleich, o Bhârata,
Inmitten beider Heere dort den herrlichsten der Wagen an.
Vor Bhîshma und vor Drona dann, und vor den Erdenherrschern all
Sprach er: Sieh, Sohn der Prithâ[33], dort herbeigeströmt der Kuru Schar!
Da sah der Sohn der Prithâ stehn die Väter und Großväter dort,
Lehrer, Brüder und Oheime, Söhne, Enkel und Freunde auch;
Schwäher wie auch Gefreundete, in beiden Heeren gleicherweis;
Als alle die Verwandten dort der Kuntî Sohn kampffertig sah,
Von höchstem Mitleid übermannt, sprach er kleinmütig dieses Wort:

Arjuna sprach

Ich sehe der Verwandten Schar, o Krishna, kampfbereit genaht,
Da werden meine Glieder schwach und es verdorret mir der Mund,
Ein Zittern geht durch mein Gebein und meine Haare sträuben sich;

Gândîva[34] sinkt mir aus der Hand, die Haut an meinem Körper brennt,
Nicht länger kann ich aufrecht stehn, wie unstet irrt mein Geist umher.
Und Zeichen schau ich, aber ach, gar böse Zeichen, Keçava[35]!
Kein Heil mehr seh' ich, wenn im Kampf ich die Verwandten umge-
    bracht.
Krishna, den Sieg begehr' ich nicht, noch Herrschaft, noch die Freu-
    den all!
Was soll die Königsherrschaft uns, was der Genuss, das Leben selbst?
Um derentwillen wünschenswert Herrschaft, Besitz und Freuden sind,
Die stehn in Reihen hier, im Kampf aufopfernd Leben, Hab und Gut.
Lehrer, Väter und Söhne sind's und ebenso Großväter auch;
Oheime, Schwäher, Enkel sind's, Schwäger wie auch Verwandte sonst.
Diese zu töten wünsch' ich nicht, und sollten sie mich töten auch,
Selbst um der Dreiwelt Herrschaft nicht, – wie denn um Erdenherr-
    schaft nur?
Wenn Dhritarâshtras Söhne wir gefällt, wie würden je wir froh?
Die Sünde haftete uns an, wenn diese Gegner wir gefällt.
Darum nicht dürfen töten wir der blutsverwandten Kuru Schar;
Wenn wir den eignen Stamm gefällt, wie können je wir glücklich sein?
Und wenn auch diese es nicht sehn, durch Gier beraubet des Verstands,
Dass Sünde im Verwandtenmord und Schuld in Freundeskränkung
    liegt;
Wie sollten wir's verstehen nicht, vom Bösen uns zu wenden ab,
Die wir doch den Verwandtenmord als Sünde deutlich vor uns sehn?
Bei Stammesmord zu Grunde gehn die alten Stammespflichten auch;
Ist dies geschehn, bemächtigt sich das Unrecht bald des ganzen
    Stamms.
Dann, durch des Unrechts Übermacht, sind bald verderbt des Stammes
    Frau'n,
Und sind die Frauen erst verderbt, tritt auch die Kastenmischung ein.
Die Mischung führt zur Hölle hin die Stammesmörder wie den Stamm;
Verlust der Manenopfer stürzt die Väter aus der Seligen Reich[36].
So durch der Stammesmörder Schuld, die selbst zur Kastenmischung
    führt,
Auflösen sich die ewigen Standes- und Stammespflichten all.

Wo aber in der Menschenwelt die Stammespflichten aufgelöst,
Folgt unausweichlich Höllenpein als Strafe – also hörten wir.
O weh, wie schwere, sündige Tat sind wir entschlossen hier zu tun,
Da aus Begier nach Thron und Glück wir morden wollen unsern
    Stamm!
Wenn wehrlos, ohne Widerstand, die Dhritarâshtra- Söhne mich
Erschlagen wollten in dem Kampf, – fürwahr, mir würde wohler sein!

Sanjaya sprach

So sprach im Kampfe Arjuna und ließ im Wagen nieder sich,
Ließ fahren Pfeil und Bogen da, durch Schmerz verwirrt in seinem
    Geist.

Fußnoten

1 Dhritarâshtra ist der blinde Bhârata-König, das Haupt der Kuru-Partei, welchem die Ereignisse der großen Schlacht berichtet werden; vgl. mein Buch ›Indiens Literatur und Kultur‹ S. 466 ff.

2 Sanjaya, ein Sûta, d. i. Wagenlenker und Herold, im Dienste des Dhritarâshtra; hier der Berichterstatter.

3 Pândava, Söhne des Pându, des verstorbenen Bruders des Dhritarâshtra.

4 Duryodhana, der älteste Sohn des Dhritarâshtra.

5 Es ist der Held Drona gemeint, der die Königssöhne im Waffenhandwerk unterrichtet hat.

6 Der Sohn des Drupada ist Dhrishtadyumna. Drupada, König der Pancâla, ist Bundesgenosse und Schwiegervater der fünf Pându-Söhne; seine Tochter, Krishnâ oder Drâupadî, gehört den fünf Brüdern zugleich in polyandrischer Ehe als Weib an.

7 Arjuna und Bhîma sind die beiden hervorragendsten unter den fünf Brüdern, den Söhnen des Pându; der älteste Bruder heisst Yudhishthira, die beiden jüngsten Nakula und Sahadeva.

8 Yuyudhâna, Sohn des Satyaka, ein Held des Pându-Heeres.

9 Virâta, Fürst der Matsya, Bundesgenosse der Pându-Söhne.

10 Dhrishtaketu, König der Cedi, Bundesgenosse der Pându-Söhne.

11 Cekitâna, ein Fürst und Bundesgenosse der Pându-Söhne.

12 Kâci ist die Stadt Benares.

13 Purujit, ein Held im Heere der Pându-Söhne, Bruder des Kuntibhoja.

14 Kuntibhoja, König der Kuntî, Bundesgenosse der Pându-Söhne.

15 Çâivya oder Çâibya, König der Çibi, Bundesgenosse der Pându-Söhne.

16 Yudhâmanyu und Uttamâujas, Helden im Heere der Pându-Söhne.

17 Der Sohn der Subhadrâ ist Abhimanyu; sein Vater ist Arjuna.

18 Drâupadî hat von jedem der Pânduiden einen Sohn, welche alle hier schon mitkämpfen; ihre Namen sind für uns belanglos.

19 Bhîshma, der greise königliche Held unter den Kurus, Oheim des Dhritarâshtra und Pându; vgl. über ihn ›Indiens Literatur und Kultur‹ S. 466, 471, 472.

20 Karna, Fürst der Anga, einer der gewaltigsten Helden des Heeres der Kuru; vgl. über ihn ›Indiens Literatur und Kultur‹ S. 472, 473.

21 Açvatthâman, Sohn des Drona (vgl. oben Vers 2); vgl. über ihn und seine Rächerrolle nach dem Kampf ›Indiens Literatur und Kultur‹ S. 473, 474.

22 Vikarna ist Name eines Sohnes des Karna wie auch eines Sohnes des Dhritarâshtra.

23 Der alte Bhîshma.

24 Es ist Arjuna gemeint, als dessen Wagenlenker Krishna fungiert.

25 Eine Muschel, die er dem Dämon Pancajana abgenommen haben soll.

26 So wird Bhîma genannt, dessen Name schon »der Schreckliche« bedeutet; er ist der furchtbarste Kämpfer unter den fünf Söhnen des Pându.

27 Vgl. Anmerkung 7 zu Vers. 4.

28 Ein Sohn des Drupada, welcher den Bhîshma zu töten bestimmt war.

29 Das ist Yuyudhâna, vgl. Vers 4.

30 Die Söhne seiner Tochter, der Drâupadî, und der fünf Pânduiden.

31 Die vielfach eingestreuten Vokative »o Erdenherr«, »o Bhârata« u. dgl. beziehen sich auf den alten blinden Dhritarâshtra, dem der Erzähler die Ereignisse der Schlacht schildert.

32 Dieser Arge ist Duryodhana, der älteste Sohn des Dhritarâshtra, dessen Gewalttätigkeiten und Intriguen den großen Kampf hauptsächlich verschuldet haben.

33 Arjuna heisst Sohn der Prithâ oder auch Sohn der Kuntî (vgl. Vers 27), da seine und seiner Brüder Mutter, die Gemahlin des Pându, diese beiden Namen trägt; vgl. ›Indiens Literatur und Kultur‹ S. 466.

34 Gândîva heisst der Bogen des Arjuna.

35 Keçava, eigentlich wohl »der mit reichem Haar Versehene«, ist ein Beiname des Krishna.

36 Vgl. ›Indiens Literatur und Kultur‹ S. 427, 428.

ZWEITER GESANG

Sanjaya sprach

Als so von Mitleid übermannt und tränenüberströmten Augs
Arjuna in Betrübnis sank, sprach Krishna zu ihm dieses Wort:

Der Erhabene sprach

Woher kommt dieser Kleinmut dir im Augenblicke der Gefahr?
Unrühmlich und unwürdig ganz des edlen Manns, o Arjuna!
Verbanne die Unmännlichkeit! Sie ziemt dir nicht, o Prithâ-Sohn!
Die Schwäche, die erbärmlich ist, gib auf! Erhebe dich, du Held!

Arjuna sprach

Wie soll ich hier in diesem Kampf den Bhîshma und den Drona auch,
Die beide ich verehren muss, mit scharfen Pfeilen greifen an?
Weit besser, die hochwürdigen Lehrer schonen
Und Bettlerbrot auf dieser Erde essen!
Denn töt' ich sie, ob sie auch schätzelüstern,
Mit Blut befleckt fortan wär' meine Speise!
Wir wissen's nicht, was mehr uns würde frommen, –
Wenn wir die Sieger – wenn wir die Besiegten?
Was soll das Leben uns, wenn wir getötet
Die Kuru-Söhne, die dort vor uns stehen?
Die jammervolle Lage bricht mein Wesen,
Die Pflicht verwirrt sich mir, – ich muss dich fragen:
Was wär' die bessere Entschließung? sag mir's!
Dein treuer Schüler bin ich, – lehre du mich!
Nicht seh ich, was den Gram mir je verscheuchte,
Der meine Sinne ganz ausdorren musste, –
Erlangt' ich auch der Erde reichste Krone,
Ja bei den Göttern selbst die Oberherrschaft;
So sprach der Ringellockige, der Held, zum ewigen Gott gewandt;
Ich will nicht kämpfen! – also rief noch einmal er, dann war er still.

Doch lächelnd sprach zu ihm darauf, als er ihn so voll Kleinmut sah,
Inmitten beider Heeresreihn der heilige Krishna dieses Wort:

Der Erhabene sprach

Du redest gut, allein du klagst um die, die nicht beklagenswert,
Nicht Tote noch auch Lebende beklagt jemals der Weisen Schar.
Nie war die Zeit, da ich nicht war, und du und diese Fürsten all,
Noch werden jemals wir nicht sein, wir alle, in zukünftger Zeit!
Denn wie der Mensch in diesem Leib Kindheit, Jugend und Alter hat,
So kommt er auch zu neuem Leib, – der Weise wird da nicht verwirrt.
Der Atome Berührung nur ist kalt und warm, bringt Lust und Leid,
Sie kommen, gehen, ohn' Bestand, – ertrage sie, o Bhârata!
Der weise Mann, den diese nicht erregen, o du starker Held,
Der Leid und Lust gleichmütig trägt, der reift für die Unsterblichkeit.
Es gibt kein Werden aus dem Nichts, noch wird zu Nichts das Seiende!
Die Grenze beider ist erschaut von denen, die die Wahrheit schaun.
Doch wisse, unvergänglich ist die Macht, durch die das All gewirkt!
Des Ewigen Vernichtung kann bewirken niemand, wer's auch sei.
Vergänglich sind die Leiber nur, – in ihnen weilt der ewige Geist,
Der unvergänglich, unbegrenzt – drum kämpfe nur, du Bhârata!
Wer denkt, es töte je der Geist oder werde getötet je,
Der denkt nicht recht! Er tötet nicht, noch wird jemals getötet er.
Niemals wird er geboren, niemals stirbt er,
Nicht ist geworden er, noch wird er werden,
Der Ungeborne, Ewige, Alte – nimmer
Wird er getötet, wenn den Leib man tötet.
Wer ihn als unvernichtbar kennt, als ewig und unwandelbar,
Wie kann ein solcher töten je, wie töten lassen, Prithâ-Sohn?
Gleichwie ein Mann die altgewordnen Kleider
Ablegt und andre, neue Kleider anlegt,
So auch ablegend seine alten Leiber
Geht ein der Geist in immer andre, neue.
Es schneiden ihn die Waffen nicht, es brennet ihn das Feuer nicht,
Es nässet ihn das Wasser nicht, es dörret ihn auch nicht der Wind.
Zu schneiden nicht, zu brennen nicht, zu nässen nicht, zu dörren nicht,

Er ist beständig, überall, fest, ewig, unerschütterlich.

Unsichtbar und unvorstellbar und unveränderlich heisst er,

Darum, sobald du ihn erkannt, darfst du nicht mehr beklagen ihn.

Und wenn für stets geboren auch, für stets gestorben du ihn hältst,

Doch darfst du, Held mit starkem Arm, um diesen trauern
    nimmermehr.

Denn dem Gebornen ist der Tod, dem Toten die Geburt bestimmt, –

Da unvermeidlich dies Geschick, darfst nicht darüber trauern du.

Unsichtbar sind die Anfänge der Wesen und ihr Ende auch,

Die Mitte nur ist sichtbar uns – was gibt's für Grund zur Klage da?

Der Eine schauet ihn als wie ein Wunder,

Der Andre spricht von ihm als einem Wunder,

Der Dritte hört von ihm als einem Wunder,

Doch hört er's auch, es kennet ihn doch keiner.

Die Seele unverletzbar ist, ewig, in eines jeden Leib,

Darum die Wesen allesamt darfst du betrauern nimmermehr.

Auch wenn du deine Pflicht bedenkst, geziemt sich's dir zu zittern
    nicht,

Denn für den Krieger gibt es ja nichts Bessres als gerechten Kampf.

Als hätte sich von ungefähr des Himmels Pforte aufgetan,

So grüßen freudig, Prithâ-Sohn, die Krieger einen solchen Kampf.

Wenn diesen pflichtgemäßen Kampf du aber nicht bestehen wirst,

Im Stiche lassend Pflicht und Ruhm, wird Übles nur dein Anteil sein.

Es werden deine Schande dann die Wesen künden immerfort,

Dem aber, der in Ehren steht, ist Schande mehr als selbst der Tod.

Furcht vor dem Kampf hielt dich zurück, so denken dann die Helden
    all,

Und wo du hoch geachtet warst, da wirst du bald verachtet sein.

Und viele böse Reden wird dann führen deiner Feinde Schar,

Beschimpfend deine Tüchtigkeit, – und was ist schmerzlicher als dies?

Im Tod gehst du zum Himmel ein! Siegst du, fällt dir die Erde zu!

Darum erheb' dich, Kuntî-Sohn, entschlossen wieder zu dem Kampf!

Gleich achtend Glück und Ungemach, Gewinn, Verlust, Sieg oder Tod,

Bereite nun zum Kampfe dich! So wird kein Übel dir zu Teil.

Dies ist Weisheit durch Reflexion, nun höre die der Andacht auch!

Mit solcher Weisheit wohlversehn, streifst du der Taten Fesseln ab.
Hier gibt es für dein Streben nie Vernichtung oder Minderung;
Ein wenig dieses frommen Brauchs bewahrt dich schon vor großer
    Furcht.
Entschlossenheit, o Kuru-Spross, birgt diese Weisheit ganz allein!
Der Unentschloßnen Weisheit ist gar weitverzweigt und ohne End.
Gar blumenreiche Rede führt im Mund der Unverständigen Schar,
Am Vedenwort erfreun sie sich und sprechen: Andres gibt es nicht!
Ihr Höchstes ist das Himmelsglück! Ihr Wort verheisst als Lohn der Tat
Höhere Geburt, – für Opferwerk sei Herrschaft und Genuss der Lohn.
An Genuss und Herrschaft hängend, durch solche Rede sinnberaubt,
Erlangen niemals sie, vertieft, die Weisheit der Entschlossenheit.
Der Qualitäten Reich gehört der Veda an – davon sei frei!
Frei von der Gegensätze Band, frei von Besitz, Herr deiner selbst!
So viel ein Brunnen nützt, in den das Wasser strömt von allerwärts,
So groß ist für die Priesterschaft der Nutzen, den der Veda bringt.
Bemühe nur dich um die Tat, doch niemals um Erfolg der Tat!
Nie sei Erfolg dir Grund des Tuns, – doch meid' auch Tatenlosigkeit!
In Andacht fest, tu deine Tat! Doch häng' an nichts, du Siegreicher!
Lass den Erfolg ganz gleich dir sein, – der Gleichmut ist's, der Andacht
    heisst.
Die Tat steht ja, du Siegreicher, unter des Geistes Andacht tief!
Im Geiste such die Zuflucht du! Kläglich, wen Tatenfrucht bewegt.
Beides, Guttat und Übeltat, gibt der Andächtige völlig auf;
Drum weihe ganz der Andacht dich! Andacht bringt Heil auch bei der
    Tat.
Die tatgeborne Frucht gibt auf, wer andächtig und weise ist!
Von der Geburten Fessel frei gelangt er an den Ort des Heils.
Wofern dein Geist den dichten Wald der Torheit überwinden wird,
Dann wird der Ekel fassen dich ob Allem, was der Veda lehrt.
Wenn – abgewandt dem Vedenwort – dein Geist nur fest und unver-
    rückt
In der Vertiefung weilen wird, dann wird die Andacht dir zuteil.

Arjuna sprach

Den weisen und vertieften Mann, was zeichnet ihn, o Krishna, aus?[1]
Was ist's, das der Andächtige spricht? wie ruhet er? wie wandelt er?

Der Erhabene sprach

Wenn des Herzens Begierden all er gänzlich aufgibt, Prithâ-Sohn,
Am Selbst und durch das Selbstvergnügt, – dann heisset er in Weisheit
    fest!
In Leiden unerschrocknen Sinns, in Freuden des Verlangens bar,
Frei von Leidenschaft, Furcht und Zorn, andächtig, – der ist ein Asket!
Wer jeglichen Verlangens bar, ob's schön ihm oder unschön geht,
Nicht Freude fühlet noch auch Hass, – bei solchem steht die Weisheit
    fest.
Wenn von sinnlichen Dingen ab er ganz die Sinne in sich zieht,
Gleichwie die Schildkröt' in sich kriecht, – dann steht bei ihm die Weis-
    heit fest.
Die Sinnendinge weichen fort von dem, der streng enthaltsam ist;
Die Neigung bleibt, doch sie auch weicht, sobald er auf das Höchste
    schaut[2].
Auch dem vernünftigen Manne, der sich redlich müht, o Kuntî-Sohn,
Rauben die Sinne den Verstand, ihn aufregend mit Ungestüm.
Sie alle bändigend sitze er in Andacht ganz mir zugewandt!
Wer Herr der eignen Sinne ist, bei dem nur steht die Weisheit fest.
Wer an sinnliche Dinge denkt, wird bald zu ihnen neigen sich,
Aus solchem Hange wird Begier, aus der Begier entsteht der Zorn.
Aus dem Zorn die Betörung kommt, dann tritt Gedächtnisstörung ein,
Dann geht zugrund die Einsicht ihm, und endlich geht er selbst zu-
    grund.
Wer aber lebt in dieser Welt mit Sinnen, die ihm untertan,
Die frei von Hass und Leidenschaft, der kommt zu ruhiger Heiterkeit.
Und solche Heiterkeit lässt ihn verlieren all und jeden Schmerz,
Bei heitrem Geiste wird sich ihm die Einsicht ja befestigen bald.
Wer nicht andächtig ist, dem geht Erkenntnis und Vertiefung ab;
Es fehlt der Seelenfriede ihm, – wie kann ein solcher glücklich sein?
Sobald der Geist sich richtet nach der losen Sinne Wanderschar,

Dann reisst ihm das die Einsicht fort, gleichwie der Wind das Schiff im
  Meer.

Darum, wer seine Sinne ganz, von allem in der Sinnenwelt
Zurückhält, o Großarmiger, bei solchen steht die Einsicht fest.

Wo's Nacht für alle Wesen ist, da wachet, wer sich zügeln will;
Wo alles wacht, da ist es Nacht dem Weisen, der die Wahrheit schaut.

Wer wie das Meer, in das die Wasser strömen,
Das sich anfüllet und doch ruhig dasteht, –
Wer so in sich die Wünsche lässt verschwinden,
Der findet Ruhe – nicht, wer ihnen nachgibt.

Der Mann, der jeden Wunsch aufgab und nichts verlangend lebt dahin,
Von Eigennutz und Selbstsucht frei, der geht zum Seelenfrieden ein.

Dies ist der Brahman-Standpunkt, Freund! Wer ihn erreicht, wird nicht
  betört!

Wer auch im Tod dabei verharrt, der wird in Brahman ganz verwehn.

Fußnoten

1 Ich lese hier mit Böhtlingk bhûshâ für bhâshâ.

2 Bei der Erklärung dieses schwierigen Verses habe ich mich am nächsten an
  Garbe, Bhag. S. 78, angeschlossen.

DRITTER GESANG

Arjuna sprach

Wenn du die Einsicht höher stellst als wie die Tat, Janârdana[1],
Warum zur fürchterlichen Tat treibst du mich an, o Keçava?
Mit doppelsinniger Rede so verwirrest du mir nur den Geist,
Dies Eine sag mir ganz bestimmt, wodurch das Heil ich mag empfahn!

Der Erhabene sprach

Ein Doppelstandpunkt ist von mir vorhin verkündet, Reiner, dir:
Die Erkenntnis der Denkenden und der Andächtigen frommes Tun.
Nicht durch Vermeidung jeder Tat wird wahrhaft man vom Tun befreit,
Noch durch Entsagung von der Welt gelanget zur Vollendung man.
Nie kann man frei von allem Tun auch einen Augenblick nur sein,
Die in uns wohnende Natur zwingt jeden, irgend was zu tun.
Wer seine Tatorgane zwingt und dasitzt, doch betörten Sinns
Im Geist der Sinnendinge denkt, wird ein verkehrter Mensch genannt.
Doch wer die Sinne durch den Geist bewzingend sich ans Handeln
    macht
Mit seinen Tatorganen – doch nicht daran hängt –, der stehet hoch.
Vollbringe die notwendige Tat, denn Tun ist besser als Nichttun;
Des Körpers Unterhaltung schon verbietet es dir, nichts zu tun.
Außer dem Opfer[2] steckt die Welt ganz in den Fesseln ihres Tuns,
Darum vollbring du solche Tat[3], doch ohne dran zu hängen je.
Einst sprach Prajâpati, als er das Opfer und die Menschen schuf:
Durch dieses sollt ihr fruchtbar sein, dies soll die Wunschkuh sein für
    euch.
Fördert damit die Götter ihr! Die Götter sollen fördern euch!
Euch gegenseitig fördernd so, sollt finden ihr das höchste Heil.
Genüsse, die ihr wünscht, spenden die Götter dann euch, so verehrt,
Doch wer solch Glück genießt und nicht den Göttern opfert, ist ein
    Dieb.
Von allen Sünden wird befreit, wer nur von Opferresten lebt;
Wer für sich selber kocht, ist schlecht, und Sünde ist's, was er genießt[4].

Durch Speise lebt der Wesen Schar, durch Regen wächst die Speise auf.
Durchs Opfer kommt der Regenguss, das Opfer ist des Menschen Tat.
Dies Tun stammt von der Gottheit her, die Gottheit aus dem ewigen
  Sein,
Drum ist die Gottheit allerwärts vorhanden in dem Opfer stets.
Wer dies in Gang gekomm'ne Rad nicht immer weiter rollen lässt,
Sündig, fröhnend der Sinnenlust, – der lebt vergeblich, Prithâ-Sohn!
Doch wer sich an dem Selbst erfreut und durch das Selbst gesättigt ist,
Im Selbst allein vergnügt – der Mensch, der ist von allem Tun erlöst.
Er hat's nicht nötig, dass etwas geschehn ist oder nicht geschehn,
Noch sucht bei allen Wesen er Zuflucht aus irgend einem Grund.
Drum, ohne dran zu hängen je, führ aus die Tat, die deine Pflicht!
Wer handelt ohne Hang zur Welt, der Mensch erreicht das höchste Ziel.
Durch solche Tat kam Janaka[5] nebst andern zur Vollkommenheit;
Auch im Hinblick auf die Ordnung der Menschenwelt musst handeln
  du.
Was irgend nur der Beste tut, das tun die andern Menschen auch,
Was er als Richtschnur stellet hin, demselben folgt die Menschheit
  nach.
In den drei Welten hab' ich nichts, o Prithâ-Sohn, zu führen aus,
Noch zu erlangen, was mir fehlt, und doch beweg' ich mich im Tun.
Denn wenn ich mich nicht unentwegt im Tun bewegte immerdar,
Was wär's? da alle Menschen doch nur meinen Spuren folgen nach?
Zugrunde ging' die ganze Welt, wenn ich die Tat nicht würde tun,
Ein Chaos brächt' ich dann hervor und mordete die Wesen all.
Die Toren hängen an der Tat, die sie vollführen, Bhârata,
Der Weise tu sie ohne Hang, sich mühend um der Menschheit Wohl.
Nicht mache irr die Toren er, die an den Taten hängen fest,
Gern tu der Weise jede Tat, andächtig stets sie führend aus.
Die Taten kommen all zu Stand durch Eigenschaften[6] der Natur;
Wen Selbstbewusstsein töricht macht, der denkt: Ich bin der Täter, ich!
Doch wer den Doppelunterschied[7] von Kraft und Tat in Wahrheit
  kennt,
Der hängt nicht fest, der kennt das Reich, da Kräf' in Kräften walten
  fort.

Wen dieses Spiel der Kräfte täuscht, der hänget an der Kräfte Tun,
Schwach ist er und kennt nicht das All – wer's kennt, der lasse den in
    Ruh.
Drum wirf auf mich hin all dein Tun, nur denkend an den höchsten
    Geist,
Nichts hoffend und begehrend nichts, so kämpfe, frei von allem
    Schmerz.
Die Menschen, welche immerdar nachfolgen diesem meinem Wort,
Die gläubig sind und murren nicht, befrein durch ihre Taten sich.
Die aber, murrend wider mich, nicht folgen diesem meinem Wort,
In aller Einsicht ganz verwirrt, die Toren, wisse, gehn zugrund.
Der Weise auch tut immer das, was der Natur in ihm entspricht;
Die Wesen gehn nach der Natur – was will der Zwang bewirken da?
An jedem Sinnesgegenstand hängt Neigung und Abneigung fest, –
Nicht fall' in deren Herrschaft er, sie sind ja seine Gegner beid'.
Die eigne Pflicht steht oben an, und brächte sie uns auch den Tod!
Tu noch so gut die fremde Pflicht, sie bringt dir doch nichts als Gefahr.

Arjuna sprach

Allein, von wem denn angespornt begeht der Mensch die sündige Tat,
Auch wenn er selbst es gar nicht will, als trieb' ihn irgend eine Macht?

Der Erhabene sprach

Das ist die Gier, das ist der Zorn, der aus der Leidenschaft entspringt!
Das ist der Böse, der verschlingt! ja wisse, dieser ist der Feind.
Wie's Feuer wird vom Rauch verhüllt und wie der Spiegel durch den
    Schmutz,
Wie von der Haut der Embryo, so ist von dem umhüllt die Welt.
Die Einsicht ist von ihm umhüllt, der stets der Feind des Weisen ist,
Von ihm, dem proteusartigen, dem Feuer, das unersättlich ist.
Die Sinne, Innensinn, Verstand – die werden sein Gebiet genannt,
Durch sie verwirrt den Menschen er, indem die Einsicht er umhüllt.
Drum zügle du von Anfang an die Sinne, edler Bhârata,
Gib auf das Böse, es zerstört Erkenntnis und Erfahrung dir.
Die Sinne kennt als mächtig man, mächt'ger noch ist der Innensinn,

Mächtiger als dieser der Verstand, weit mächtiger noch das ewige
   Selbst.

Wenn seine Macht du hast erkannt, dann stärke durch das Selbst dein
   Selbst, –

Töte den Feind, Großarmiger, den Proteus, den man schwer bezwingt.

Fußnoten

1 Janârdana ist ein Beiname des Krishna, ebenso wie auch das gleich folgende Keçava.

2 D. h., wie schon das Petersburger Wörterbuch erklärt, mit Ausnahme eines Werkes, das ein Opfer zum Ziel hat, zum Opfer dient.

3 D. h. solche Tat, die auf das Opfer gerichtet ist, dem Opfer dient.

4 D. h. jegliche Speise soll zuerst als ein Opfer den Göttern dargeboten werden. Nachher ist sie dann ein Opferrest, den man mit gutem Gewissen verzehren kann. Die Götter aber müssen gewissermaßen zuvor zu Gaste geladen sein.

5 Ein berühmter König der Upanishaden-Zeit. Vgl. über denselben ›Indiens Literatur und Kultur‹ S. 187-189, 208, 209 ff.

6 Die Gunas, Qualitäten, Eigenschaften oder Kräfte der Natur (Prakriti), walten nur in dieser und gestalten so die Welt; der ewige Geist kennt dieselben nicht, ist qualitätenlos.

7 Doppelunterschied, d. h. wohl: Qualität (Kraft) sowohl wie Tat sind beide vom ewigen Geiste absolut unterschieden und berühren ihn gar nicht. Das ist eine Welt für sich, die der Weise ruhig ihren Gang gehen lässt.

VIERTER GESANG

Der Erhabene sprach

So hab' die Andachts-Lehre[1] ich verkündet dem Vivasvant einst,
Vivasvant hat dem Manu sie, Manu Ikshvâku mitgeteilt.
So ging von Mund zu Mund sie fort, die Königsweisen kannten sie, –
Doch durch die lange Zeit ging dann verloren diese Lehre hier.
Die alte Andachts-Lehre ist's, die hab' ich jetzt verkündet dir,
Weil mein Verehrer du und Freund – ein hehr Geheimnis ist sie ja.

Arjuna sprach

Du bist von späterer Geburt, Vivasvant lebte früher doch, –
Wie soll ich's denn verstehn, dass du verkündet ihm die Lehre einst?

Der Erhabene sprach

Gar viel Geburten hab' ich schon durchlebt – du auch, o Arjuna! –
Ich weiss von ihnen allen noch[2], doch du weisst nichts davon, o Held!
Zwar ungeboren, ewig auch und aller Wesen Herr bin ich,
Und doch entsteh' ich oftmals neu durch meines Wesens Wunderkraft.
Denn immer, wenn die Frömmigkeit hinschwinden will, o Bhârata,
Ruchlosigkeit ihr Haupt erhebt, dann schaffe ich mich selber neu[3].
Zum Schutz der guten Menschen hier und zu der Bösen Untergang,
Die Frömmigkeit zu festigen neu, entsteh' in jedem Alter[4] ich.
Und wer mein Werden und mein Tun, das göttliche, in Wahrheit kennt,
Erleidet keine Neugeburt, – er geht im Tode zu mir ein.
Von Neigung, Furcht und Zorn befreit, mir ähnlich und auf mich ge-
  stützt,
Durch der Erkenntnis Buße rein, gingen schon viele auf in mir.
Wie diese mir sich wenden zu, so liebe ich hinwiedrum sie;
Es wandeln meinen Bahnen nach durchaus die Menschen, Prithâ-Sohn.
Erfolg bei seinen Taten wünscht der Mensch, wenn er die Götter ehrt,
Rasch kommt ja in der Menschenwelt Erfolg, der aus der Tat ent-
  springt.
Ich bin's, der die vier Kasten schuf, nach Art und Tun sie unterschied,

Wisse, ich bin es, der da wirkt und nicht wirkt, ich, der Ewige.

Mich kann die Tat beflecken nicht, – die Frucht der Tat begehr' ich
    nicht!

Wer so mich und mein Wesen kennt, wird nicht gefesselt durch die Tat.

In solcher Einsicht strebten schon die Alten der Erlösung zu,

Darum vollbringe du die Tat, wie schon die Alten sie vollbracht.

Was ist denn Tat? was ist Nichttun? – das ist's, was Weise selbst
    verwirrt;

Drum will die Tat ich künden dir, wodurch du kommst vom Übel frei.

Denn achten muss man auf die Tat, achten auf unerlaubtes Tun,

Muss achten auf das Nichttun auch, – der Tat Wesen ist abgrundtief.

Wer in der Tat das Nichttun schaut und in dem Nichttun grad' die Tat,

Der ist ein einsichtsvoller Mensch, andächtig tut er jede Tat.

Wer Gier und Wunsch bei jeglichem Beginnen ganz und gar verbannt,

Wer in des Wissens Feuer die Tat verbrannt hat, heisst ein weiser Mann.

Wer an der Taten Frucht nicht hängt, stets zufrieden, nicht Hülfe
    braucht, –

Wenn er im Tun sich auch bewegt, so tut er doch in Wahrheit nichts.

Nichts wünschend, zügelnd seinen Geist, aufgebend jeglichen Besitz,

Nur mit dem Körper tuend die Tat, – so bleibt er frei von Sünden-
    schuld.

Vergnügt mit dem, was er bekommt, nicht neidisch, gegensatzentrückt[5],

Gleich bei Erfolg wie Misserfolg, wird er durch keine Tat verstrickt.

Wer frei von Hang ist und erlöst, wem in Erkenntnis ruht der Geist,

Indes er sich um's Opfer müht, dem löst das Tun sich völlig auf.

Die Gottheit ist das Opfer selbst, die Gottheit lebt im Opferfeuer,

Drum geht zur Gottheit ein der Mensch, der an solch göttlich Tun ge-
    denkt.

Die Einen führen Opfer aus, die dem und jenem Gott geweiht,

Die Andern bringen Opfer dar im Feuer der Theologie.

Gehör und andre Sinne bringt der Eine im Entsagungsfeuer,

Der Andre bringt die Sinnenwelt im Feuer seiner Sinne dar[6].

Der Sinne und des Atems Tun bringt mancher Andre ganz und gar

Im Feuer der Selbstbezähmung dar, das durch Erkenntnis ist entflammt.

Noch Andre bringen Hab und Gut, bringen Buße und Andacht dar,

Stilles Studium und Erkenntnis als Asketen der strengsten Art.
Im Aushauch bringen dar den Hauch, im Hauch den Aushauch Andere,
Hemmend des Hauchs und Aushauchs Weg, der Atmungshemmung
    ganz geweiht.
Andre, sich der Speis' enthaltend, bringen Leben im Leben dar.
Das Opfer kennen diese all, das Opfer macht sie sündenfrei.
Wer Opferrestes Nektar speist, der geht ins ewige Brahman ein;
Doch wer nicht opfert, der erlangt nicht diese, wie denn jene Welt?
So mannigfaltige Opfer sind in Brahmans Munde dargebracht, –
Sie alle stammen aus der Tat, – dies wisse! dann wirst du erlöst.
Besser als Opfer allen Guts ist der Erkenntnis Opfer, Held!
Denn jede Tat, ganz lückenlos, in der Erkenntnis liegt sie drin.
Dies wisse, wenn du fromm dich beugst, die Lehrer fragst und sie ver-
    ehrst,
Erkenntnis werden lehren dich die Weisen, die die Wahrheit schaun.
Hast du's erkannt, o Pându-Sohn, wirst du nicht wiederum betört,
Dadurch wirst alle Wesen du in dir erschaun und dann in mir.
Auch wenn ein größrer Sünder du als alle andern Sünder bist,
Doch wirst mit der Erkenntnis Schiff du fahren übers Meer der Schuld.
Gleichwie das Feuer, wenn es flammt, zu Asche all das Brennholz
    macht,
So brennt auch der Erkenntnis Feuer zu Asche alle Taten dir.
Kein Läuterungsmittel gibt's ja hier, das der Erkenntnis sich vergleicht;
Das findet selber in sich selbst, wer durch Andacht vollendet ist.
Dem Gläubigen fällt Erkenntnis zu, der nach ihr sucht, die Sinne
    zähmt;
Wer die Erkenntnis fand, gelangt zum höchsten Seelenfrieden bald.
Wer unwissend und glaubenslos dem Zweifel nachgibt, geht zugrund;
Nicht diese, noch auch jene Welt, noch Glück ist je des Zweiflers Teil.
Doch wer der Andacht weiht sein Tun, den Zweifel durch Einsicht
    zerstört,
Sein selber mächtig ist, fürwahr, den binden auch die Taten nicht.
Zerschneide mit des Wissens Schwert den Zweifel, der aus Torheit
    stammt.
Im Herzen! Weih der Andacht dich! Erhebe dich, o Bhârata!

Fußnoten

1 D. h. die Lehre von der andachtsvollen Hingabe (yoga) an das pflichtmäßige Tun, im oben angegebenen Sinne.

2 Ähnlich hat auch Buddha den Vorzug, sich seiner früheren Geburten zu erinnern.

3 So entsteht auch nach buddhistischer Lehre, wenn die rechte Erkenntnis in der Welt zugrunde zu gehen droht, immer wieder ein neuer Buddha.

4 D. h. in jedem Weltalter, jedem Yuga (yuge yuge).

5 dvandvâtîta. Eigentlich »über die Paare hinausgegangen«. Die Paare (dvandva) sind die Gegensätze, wie Kälte und Hitze, Freud und Leid, auch Gut und Böse usw. Also jenseits dieser Gegensätze, ihnen entrückt, von ihnen befreit – jenseits von allem Leid, jenseits auch von Gut und Böse.

6 Vgl. dazu die Erläuterung von Garbe a. a. O. 89, Anm. 5.

FÜNFTER GESANG

Arjuna sprach

Du lobst Entsagen jeder Tat und lobst doch ihre Übung auch –
Was ist das Bess're von den zwei'n? Das sage klar entschieden mir.

Der Erhabene sprach

Entsagen sowie Übung auch der Tat, sie bringen beide Heil,
Doch höher als Entsagung noch wird die Übung der Tat geschätzt.
Das ist der stets Entsagende, der nichts hasset und nichts sich wünscht,
Denn von den Gegensätzen frei[1], kommt leicht er von der Fessel los.
Denken und Andacht[2] scheiden nur die Toren, doch die Weisen nicht;
Wer ganz sich nur dem einen weiht, erlanget aller beider Frucht.
Durch Denken und durch Andacht wird derselbe Standpunkt doch
    erreicht;
Denken und Andacht sind nur eins, – wer das erkennt, hat recht
    erkannt.
Doch Entsagung, Großarmiger, wird ohne Andacht[3] schwer erreicht;
Der Weise, der in Andacht lebt, erreichet auch die Gottheit[4] bald.
Der Andacht lebend, reingesinnt, bezähmend Geist und Sinne ganz,
Mit aller Wesen Seele eins – wird er, auch handelnd, nicht befleckt.
»Ich tu doch nichts!« so denken darf der fromme, wahrheitskund'ge
    Mann,
Ob er auch sieht, hört, fühlt und riecht, ob er auch isst, geht, atmet,
    schlaft;
Ob er auch spricht, entleert, ergreift, die Augen öffnet oder schließt,
Er weiss: die Sinne müssen sich bewegen in der Sinnenwelt.
Wer handelt ohne jeden Hang und all sein Tun der Gottheit weiht,
Wird durch das Böse nicht befleckt, wie's Lotusblatt durchs Wasser
    nicht.
Mit ihrem Leib, Sinn und Verstand, und mit den Sinnen ganz allein,
Tun die Andächtigen jede Tat, ganz ohne Hang – um rein zu sein.
Wer fromm aufgibt die Frucht der Tat, erlangt die höchste Seelenruh,

Wer unfromm hängt an dem Erfolg, wird durch begehrlich Tun verstrickt.

Bewusst aufgebend alles Tun, sein selber Herr, sitzt glücklich da
In der neuntorigen Stadt[5] der Geist, nichts tuend, nichts veranlassend.

Nicht Täterschaft, noch Taten auch schafft Er, der Herrscher dieser Welt,
Noch den Kontakt von Tat und Frucht, – da waltet vielmehr die Natur.

Nicht irgend jemands böse noch auch gute Tat nimmt an der Herr[6], –
Das Wissen liegt in Finsternis, und dadurch wird der Mensch betört.

Doch wem Unwissenheit zerstört durch Erkenntnis des Atman ist,
Des Wissen lässt der Sonne gleich hell leuchtend schaun das höchste Heil.

Dies kennend, mit ihm wesensgleich, ruhend auf ihm, ergeben ihm,
Geht man und kommt nicht wieder her, durch Wissen frei von aller Schuld.

Ein Priester, welcher weis' und fromm, ein Elefant und eine Kuh,
Ein Hund, ein Hundeesser selbst – dem Weisen sind sie alle gleich.

Die haben hier den Himmel schon[7], die ganz gleichmütig sind gestimmt;
Sündlos, gleichmütig Brahman ist, darum in Brahman ruhen sie.

Nicht freut er über Liebes sich, erschrecket vor Unliebem nicht,
Wer starken Geistes, unbetört, das Brahman kennt und ruht in ihm.

Nicht hängend an der Außenwelt, findet er in sich selbst das Glück;
Wer andachtsvoll nach Brahman strebt, erlangt ein unvergänglich Glück.

Denn der Genuss der Außenwelt trägt schon in sich des Schmerzes Keim,
Wie er entsteht, vergeht er auch – der Weise freut daran sich nicht.

Wer, eh er sich vom Körper löst, den Gier- und Zorngebornen Drang
Zu bezwingen imstande ist, der Mann ist fromm und glücklich der.

Wer in sich selbst beglückt, selig, von innrem Licht erleuchtet ist,
Der Fromme wird zum Brahman selbst und wird im Brahman ganz verwehn.

Im Brahman ganz verwehen sie, die Weisen, die, von Sünden rein,
Sich zügelnd, frei von allem Streit, an aller Wesen Heil sich freun.

Asketen, die den Sinn bezähmt, von Gier und Zorn sich ganz befreit,
Des Atman Wesen kennen, die sind dem Verwehn in Brahman nah.
Sich lösend von der Außenwelt, starr auf die Nasenwurzel schau'nd,
Den Hauch und Aushauch regelnd gleich, die durch der Nase Innres
    gehn;
Zügelnd die Sinne, Herz und Geist, ganz der Erlösung zugewandt,
Befreit von Wünschen, Furcht und Zorn, – so ist für immer er erlöst.
Mich kennend als den Herrn der Welt, dem Opfer und Askese gilt,
Der aller Wesen wahrer Freund, gelangt zum Seelenfrieden er.

Fußnoten

1 nirdvanda »ohne die Gegensätze, frei von den Gegensätzen«, vgl. oben Gesang
   4, 20. 22 Anm.

2 Denken und Andacht – der Text sagt hier wie auch im folgenden Verse
   Sânkhya und Yoga, es handelt sich aber nicht um die so benannten späteren
   Systeme der Philosophie, sondern – wie schon unsere Einleitung zu zeigen
   suchte – um einen doppelten Weg zu dem gleichen Ziele der Gotteserkenntnis
   und allendlichen Vereinigung mit der Gottheit, und zwar erstens den Weg der
   Reflektion, des reflektierenden Denkens, Sânkhya, den ich kurzweg durch
   »Denken« wiedergebe, und zweitens den Weg der andächtigen Verinnerlichung, der Konzentration, Kontemplation, der energisch auf das Höchste
   gerichteten Andachtsstimmung, Yoga, welche ich ebenso kurzweg als
   »Andacht« bezeichne. Der gottsuchende Philosoph wie der gottergebene
   Fromme, der sich in Gott versenkt und alles in Gott tut – sie streben
   demselben Ziele zu, und in diesem Sinne darf Denken und Andacht für eins
   gelten.

3 Unsere Sprache versagt hier, wie auch sonst bisweilen bei der Übersetzung und
   macht eine wirklich genau entsprechende Wiedergabe des Originals
   unmöglich. Im Sanskrit des Urtextes ist es ein und das selbe Wort – Yoga,
   eigentlich die Anspannung –, welches die energische Übung (der Tat), in Vers
   1 und 2, und die Andacht, hier und im Folgenden, bezeichnet. Es ist im
   Grundbegriff eine energische Bemühung, exercitatio, exercitium – etwa wie
   bei uns Exerzieren, Exerzitien von der Arbeit der Soldaten und Schüler
   gebraucht wird, aber auch von angestrengten Andachtsübungen, wenigstens
   bei den Katholiken.

4 Hier, wie auch in Vers 10, habe ich das im Text befindliche Wort Brahman durch »die Gottheit« wiedergegeben.

5 D. h. in dem Leibe

6 D. h. der Herr der Welt, Gott, Brahman, mit dem im Grunde unser Geist identisch ist. Den ewigen Geist, die Weltseele, berühren weder gute noch böse Taten, die dringen gar nicht bis zu ihm hin, er nimmt sie nicht an oder auf, oder – wie Deussen sagt – erkennt sie nicht als sein an.

7 Ich lese mit Böhtlingk und Garbe svargo

Sechster Gesang

Der Erhabene sprach

Wer, nicht auf Tatenfrucht bedacht, die pflichtgemäße Tat vollbringt,
Ist entsagungs- und andachtsreich[1], nicht wer feuer- und tatenlos[2].
Was man Entsagung nennt, das ist Andacht – wisse, o Pându-Sohn!
Denn wer den Wünschen nicht entsagt, der kann auch nicht andächtig
    sein.
Der Weise, der nach Andacht strebt, dem ist die Tat sein Element,
Doch wer die Andacht hat erreicht, des Element ist Seelenruh.
Wer an sinnlichen Dingen nicht noch an den Taten irgend hängt
Und allen Wünschen hat entsagt, der hat die Andacht, heisst's, erreicht.
Man bring' sein Selbst durchs Selbst empor, nicht bring' herunter man
    das Selbst!
Das Selbst ist ja sein eigner Freund, das Selbst ist auch sein eigner
    Feind.
Dem ist das Selbst sein eigner Freund, der durch das Selbst das Selbst
    besiegt;
Doch kämpft es mit der Außenwelt, dann wird das Selbst sich selbst
    zum Feind.
Wer sich bezwang und ruhig ward, in dem wohnt still der höchste
    Geist,
In Kalt' und Hitze, Lust und Leid, in Ehren und in Schanden auch.
In der Erkenntnis voll beglückt, gipfelhoch stehend, sinnbezähmt,
Andächtig heisst der Yogin dann, wenn Erdkloß, Stein und Gold ihm
    gleich.
Wer gegen Freund und Widerpart, Gleichgültige, Feind' und Sippen
    auch,
Gegen Gute wie Böse auch gleichgesinnt ist, der ragt empor.
Der Yogin soll beständig sich abmühen in der Einsamkeit,
Allein, bezähmend Sinn und Selbst, nichts hoffend, des Besitzes bar.
An reinem Ort sich hinstellend einen sicher stehenden Sitz,
Nicht allzu hoch, zu niedrig nicht, darauf ein Kleid, Fell, Kuça-Gras;
Den Geist auf einen Punkt richtend, zügelnd Denken, Sinne und Tun,

Sich setzend auf den Sitz üb' er Andacht, zur Reinigung seiner selbst.

Gleichmäßig Körper, Nacken, Haupt unbewegt haltend, bleib' er fest,

Schauend auf seine Nasenspitz' – nicht blick' er hier- und dorthin aus.

Ruhigen Selbstes, frei von Furcht, der Keuschheitsregel untertan,

Den Sinn zügelnd, an mich denkend, andächtig sitz' er, mir geweiht.

Sein Selbst beständig rüstend so, andächtig, mit bezähmtem Geist,

Geht er zu meinem Frieden ein, des höchstes Ziel Nirvâna ist.

Wer zuviel isst, kennt Andacht nicht, noch der, der ganz und gar nicht
   isst;

Nicht wer zu sehr verschlafen ist, noch wer stets wacht, o Arjuna.

Wer mäßig isst und sich erholt, mäßig wirket in Handlungen,

Mäßig im Schlaf und Wachen ist, hat Andacht, die den Schmerz
   zerstört.

Bei wem das Denken ganz bezähmt stille verharret in dem Selbst,

Wenn von Begierden er ganz frei, dann wird er andächtig genannt.

Wie die Lampe, vom Wind geschützt, nimmer flackert, – dies Gleichnis
   gilt

Vom Yogin, der sein Denken zähmt und Andacht übet an dem Selbst.

Wo das Denken zur Ruhe kommt, durch Andachtsübung eingedämmt,

Und wo man, mit dem Selbst das Selbst schauend, sich an dem Selbst
   erfreut;

Wo man das grenzenlose Glück, dem Geist fassbar, den Sinnen nicht,

Kennend und fest darin stehend sich von der Wahrheit nicht bewegt;

Und hat man den Gewinn erlangt, ihn über jeden andern schätzt[3],

In dem verharrend man vom Schmerz, auch schwerem, nicht mehr
   wird bewegt;

Solche Lösung vom Schmerzverein, wisse, die wird Andacht genannt;

Die Andacht übe entschlossen man und werde ihrer nimmer satt.

Begierden, die der Wunsch erzeugt, aufgebend all ohn' Unterschied,

Die Schar der Sinne mit Vernunft im Zaume haltend allerwärts;

Werd' langsam, langsam ruhig man, und mit standhaft gewordnem
   Geist

Versenke man sich in das Selbst und denke an nichts andres mehr.

Wo immer nur ausbrechen will der schwankende, unstete Sinn,

Da soll man bändigen ihn in sich und zum Gehorsam bringen ihn.

Denn den Andächtigen, dessen Sinn beruhigt ist, wird höchstes Glück
Erfüllen, Leidenschaft gestillt, Brahman-geworden, ist er rein.
Sein Selbst beständig übend so, wird der Andächtige, sündenfrei,
Erlangen unbegrenztes Glück, wo er mit Brahman sich berührt.
Sich selbst in allen Wesen sieht und alle Wesen auch in sich,
Wer so sein Selbst in Andacht übt und alles schaut gleichmütig an.
Wer mich allüberall erblickt und alles auch in mir erblickt,
Dem kann niemals entschwinden ich, und er entschwindet niemals mir.
Wer mich in allen Wesen ehrt, der Einheitslehre huldigend,
Der, wie er immer sich bewegt, bewegt sich andachtsvoll in mir.
Wer nach Analogie des Selbst allüberall das gleiche sieht,
Ob es nun Lust sei oder Leid, steht in der Andacht obenan.

Arjuna sprach

Die Andacht, welche so von dir samt dem Gleichmut verkündet ist,
Sie hat – ich seh' es – nicht Bestand, denn schwankend ist einmal der
     Mensch.
Es schwankt der innre Sinn, Krishna, ist ungestüm, gewaltsam, hart;
Zu zügeln ihn acht' ich so schwer als wie des Windes Zügelung.

Der Erhabene sprach

Gewiss, Großarmiger, der Sinn ist schwer zu zügeln, schwankend auch,
Doch, Kuntî-Sohn, durch Anstrengung und Entsagung zwinget man ihn.
Wer sich nicht zähmt, der kann nur schwer Andacht erreichen – denk'
     ich mir –,
Wer sich bezwang und wer sich müht, kann solcherart erreichen sie.

Arjuna sprach

Wer sich nicht zähmt, doch gläubig ist, – bei der Andacht, schwanken-
     den Sinns,
Andachtsvollendung nicht erreicht, o Krishna, welchen Weg geht der?
Geht er nicht, scheiternd beiderseits, zerrissnen Wolken gleich zugrund,
Ohn' allen Halt, Großarmiger, verirret auf dem Weg zu Gott?
Den Zweifel musst du, Krishna, mir auflösen, dass nichts übrig bleibt,
Es findet ja kein andrer sich, der diesen Zweifel löst, als du.

Der Erhabene sprach

O Prithâ-Sohn, nicht hier noch dort muss solch ein Mann zugrunde
  gehn,

Denn niemand, der redlich verfährt, soll in das Elend kommen, Freund[4]!

Wenn in der Welt der Frommen er geweilt viele Jahre lang,

Ersteht in reinem, edlem Haus aufs neu, wer aus der Andacht fiel;

Oder er wird geboren gar in andächtiger Weisen Haus, –

Und solcherlei Geburt ist doch schwer zu erlangen in der Welt.

Und hier erlangt denselben Geist er wieder wie im alten Leib,

Und ringt von nun an eifriger um die Vollendung, Kuru-Sohn.

Sein ehemaliges Bemühn reisst ihn selbst wider Willen fort;

Wer der Andacht Erkenntnis sucht, hat mehr als Schriftgelehrsamkeit[5].

Wenn er nur eifrig sich bemüht, andachtsvoll und von Sünden rein,

Vollendet durch manche Geburt, wandelt er dann die höchste Bahn.

Höher steht der andächtige Mann als die Büßer und Weisen gar,

Höher auch als die Werkfrommen – drum sei andächtig, Arjuna!

Und unter den Andächtigen all, wer mich verehret glaubensvoll,

Sein Innres ganz mir wendend zu – gilt mir als der Andächtigste.

Fußnoten

1 Im Text: Der ist ein Sannyâsin, der ein Yogin

2 D. h. nicht derjenige, welcher das pflichtmäßig zu unterhaltende heilige Feuer
  und die pflichtmäßigen Verrichtungen gänzlich aufgibt.

3 Vgl. Ev. Matth. 13, 44-46.

4 Welch eine milde, humane, tröstliche Lehre!

5 Er kommt über das çabdabrahman hinaus, d. h. über das Wort-Brahman, das
  in Worte gefasste Brahman.

SIEBTER GESANG

Der Erhabene sprach

An mir hängend mit Herz und Sinn, Andacht übend, auf mich gestützt,
Wie du mich ganz erkennen wirst, von Zweifel frei, das höre nun!
Dies Wissen und Erkennen dir verkünden will ich ohne Rest;
Wenn du's erkannt hast, bleibt dir hier nichts zu erkennen übrig mehr.
Unter Tausenden von Menschen strebt nach Vollendung einer kaum,
Von den erfolgreich Strebenden kennt wahrhaft mich kaum einer noch.
Erde, Wasser, Feuer, Äther, Luft, Sinn, Geist, Selbstbewusstsein auch –
Dies alles ist meine Natur, die sich achtfältig hat verteilt.
Die niedre ist das! außer ihr hab' ich noch eine höhere
Natur, – sie ist das Leben selbst und sie ist's, die die Welt erhält.
Aus ihrem Schoße kommen all die Wesen her – dies fasse recht!
Ich bin für diese ganze Welt der Urquell und der Untergang.
Es gibt nichts Höheres als mich, – kein andres Ding, was es auch sei! –
Auf mich ist dieses All gereiht wie Perlenreihen an der Schnur.
Ich bin des Wassers Feuchtigkeit, ich bin das Licht in Sonn' und Mond,
Das heilge Om der Veden all, der Ton im Äther, Kraft im Mann!
Der reine Duft im Erdenklos, der Glanz im Feuer, das bin ich!
Das Leben in den Wesen all, die Buße in den Büßern auch.
Der ewige Same bin ich auch von allen Wesen – wisse dies!
Die Einsicht der Einsichtigen, der Würdigen Würde, das bin ich.
Ich bin der Kraftbegabten Kraft, die frei von Neigung und Begier;
Die Liebe, die erlaubt und recht, in allen Wesen – die bin ich!
Ja, alles Sein – der Güte Reich, der Leidenschaft und Finsternis –
Es stammt aus mir, es ist in mir, – doch ich bin darum nicht in ihm!
Verwirret durch all dieses Sein in der drei Qualitäten Reich,
Erkennt die Welt es nicht, dass ich höher und unvergänglich bin.
Mein göttlich Scheinbild dieser Welt[1], darüber kommt man schwer
  hinweg!
Doch wer mir selbst sich wendet zu, der zwinget dieses Zauberbild.
Die Frevler, die Gemeinen und die Toren kommen nicht zu mir;
Beraubt des Wissens durch den Schein suchen sie bei Dämonen Heil.

Vier Arten guter Menschen gibt's, die mich verehren, Arjuna:
Wer Leid trägt, wer erkennen will, wer Gut erwirbt, wer wissend ist.
Der Beste ist der Wissende, der andächtig nur eins verehrt;
Ich bin der Freund des Wissenden vor allem, und er ist mein Freund.
Vortrefflich sind sie alle, doch der Wissende, das ist mein Selbst,
Denn mit andächtiger Seele kommt zu mir er als zum höchsten Heil.
Wenn der Geburten Reih' zu End', gelangt zu mir der Wissende;
»Gott ist das All!« – schwer findet sich ein Edler, welcher das erkennt.
Die, denen Gier das Wissen raubt, die gehn zu andern Göttern hin,
Halten an manche Regel sich, – sie lenkt die eigene Natur.
Und welche Gottheit einer auch im Glauben zu verehren strebt, –
Ich sehe seinen Glauben an und weis' ihm zu den rechten Platz.
Wenn er in festem Glauben strebt nach seines Gottes Huld und Gnad',
Dann wird zuteil ihm, was er wünscht, denn gern wend' ich ihm Gutes
    zu[2].
Doch bleibt beschränkt nur der Erfolg bei denen, die beschränkten
    Sinns:
Die Götter findet, wer sie ehrt! wer mich verehrt, gelangt zu mir!
Unsichtbar bin ich! nur der Tor kann glauben, dass ich sichtbar ward!
Mein höhres Sein, das ewige, das höchste, blieb ihm unbekannt.
Nicht jedem bin ich offenbar, weil mich der Mâyâ Schein verhüllt,
Betört erkennt die Welt mich nicht, den Ungebornen, Ewigen.
Ich kenne die vergangenen, die gegenwärtigen Wesen all,
Und die noch ruhn im Zukunftsschoß! doch niemand gibt es, der mich
    kennt.
Der doppelten Verwirrung Raub, die aus Neigung und Hass entspringt,
Werden die Wesen allesamt in dieser Schöpfung ganz verwirrt.
Die frommen Menschen aber, die das Böse von sich abgetan,
Vom Doppel-Irrwahn auch befreit verehren sie mich festen Sinns.
Die zu mir flüchten, strebend nach Erlösung von Alter und Tod,
Die kennen dieses Brahman ganz, das höchste Selbst, das ganze Werk!
Die mich kennen als Haupt und Herrn der Wesen, Götter, Opfer all, –
Auch sterbend daran halten fest – die Frommen kennen wahrhaft mich.

Fußnoten

1 Wörtlich: »Dieses mein göttliches, aus den Qualitäten gebildetes Scheinbild«
– mâyâ, welches Wort ich weiterhin auch durch Zauberbild und Schein
wiedergebe.

2 Gewiss ein weitherziger Standpunkt des großen Gottes gegenüber den
Verehrern anderer Götter!

ACHTER GESANG

Arjuna sprach

Was ist das Brahman? und was ist das höchste Selbst? was ist das Werk?
Was ist's, das ob den Wesen all und über allen Göttern steht?
Wie und wer kann in diesem Leib schon über allen Opfern stehn?
Und in der Todesstunde, wie erkennen die Bezähmten dich?

Der Erhabene sprach

Brahman ist ewiges, höchstes Sein, sein Wesen ist das höchste Selbst,
Die Schöpfung, die den Ursprung all der Wesen wirkt, ist »Werk«
 genannt.
Werden[1] über den Wesen steht, über den Göttern der Urgeist,
»Über den Opfern« – das bin ich, schon hier im Leib, du bester
 Mensch!
Wer in der Todesstunde mein gedenkend scheidet aus dem Leib,
Der gehet in mein Wesen ein, darüber kann kein Zweifel sein.
An wessen Wesen immer er gedenkt, wenn er den Leib verlässt,
In dessen Wesen geht er ein und passt sich dessen Wesen an.
Zu allen Zeiten denke drum an mich allein und kämpfe frisch!
In mich versenk' Sinn und Verstand, dann gehst du sicher ein in mich.
Wenn fleissig Andacht er geübt, nichts andres in Gedanken sucht,
Dann geht zum höchsten Urgeist ein, dem himmlischen, wer an ihn
 denkt.
Wer an den alten Weisen, den Regierer,
Der feiner ist als fein, sich stets erinnert,
Den Schöpfer dieses Alls, der unausdenkbar,
Der sonnenfarbig, jenseit alles Dunkels, –

Wer festen Sinns im Tode sein gedenket,
Hingebungsvoll und mit der Kraft der Andacht,
Den Lebensgeist zwischen den Brauen sammelnd,
Der geht zum höchsten Urgeist ein im Himmel.
Was Vedenkenner »unvergänglich« nennen,
Wohin die neigungsfreien Büßer kommen,
Wonach begehrend man in Keuschheit lebt,
Die Stätte will ich dir in Kürze schildern.
Des Körpers Tore schließend all, den Sinn im Herzen fest haltend,
Den Lebensgeist im Kopf sammelnd, der strengen Andacht
    zugewandt;
Brahmans einsilbigen Namen »Om«! aussprechend und gedenkend
    mein –
Wer so den Leib verlassend stirbt, der wandelt auf der höchsten Bahn.
Wer an nichts andres jemals denkt und immerdar an mich gedenkt,
Wer in beständiger Andacht lebt, der ist es, der mich leicht erlangt.
Die Edlen, die zu mir gelangt und die Vollendung so erreicht,
Erleiden keine Neugeburt, wo Schmerz wohnt und Vergänglichkeit.
Die Welten, bis zu Brahmans Welt, bewahren nicht vor Neugeburt,
Doch wer zu mir gekommen ist, für den gibt's keine Neugeburt.
Die, denen Brahmans Tag bekannt, der tausend Weltenalter währt, –
Und Brahmans Nacht, die grad so lang, – die kennen wahrhaft Tag und
    Nacht.
Aus dem Unsichtbaren entspringt das Sichtbare, wann kommt der Tag,
    –
Wann kommt die Nacht, dann löst sich's auf im Innern, das unsichtbar
    heisst.
Der Wesen Schar, die immer neu geworden ist, sie löst sich auf,
Wann kommt die Nacht, – doch unbedingt ersteht sie neu, wann
    kommt der Tag.
Doch jenseits dieses Lebens gibt's ein andres, ewig, unsichtbar,
Das, ob auch alle Wesen hier vergehen, selber nicht vergeht.
Unsichtbar, unvergänglich heisst's, man nennt es auch die höchste
    Bahn;

Erreicht man's, kehrt man nicht zurück! sieh, das ist meine höchste
　　Statt!
Der höchste Urgeist wird erlangt durch Liebe, die nichts andres sucht, –
Er, in dem alle Wesen sind, durch den die ganze Welt gemacht.
Wann aber zur Nichtwiederkehr der Fromme kommt, sobald er stirbt,
Wann Wiederkehr sein Schicksal bleibt, das will ich nun verkünden dir:
Feuer, Licht, Tag, wachsender Mond, das Halbjahr, wo die Sonne hoch,
Wenn dann ein Brahmankenner stirbt, dann geht er auch zu Brahman
　　ein.
Rauch und Nacht und schwindender Mond, das Halbjahr, wo die
　　Sonne tief,
Da geht der Fromme zu dem Licht des Mondes und kehrt einst zurück.
Der helle und der dunkle Pfad, sie sind als ewige bekannt,
Einer führt zur Nichtwiederkehr, auf dem andern kehrt man zurück [2].
Wer diese beiden Pfade kennt, der Fromme wird niemals betört,
Zu allen Zeiten weihe dich der Andacht drum, o Arjuna!
Was für das Vedalesen, Opfern, Büßen
Und Spenden auch als Tugendlohn verheissen,
Weit über das hinaus gelangt der Fromme,
Der dies erkennt, – er kommt zur höchsten Stätte!

Fußnoten

1 Werden – im Text ksharo bhâvah, d. h. eigentlich ›das fließende Sein‹, wie auch
　Deussen es richtig übersetzt; das fließende Sein, d. h. das Werden, beherrscht
　alle Wesen, solange sie Einzelwesen sind.

2 Vgl. zu Vers 23-26 P. Deussen, Allgemeine Geschichte der Philosophie, Bd. I, Abt.
　3, S. 106-108. Danach wäre hier nicht von Zeitabschnitten, sondern von
　örtlichen Stationen die Rede, gleichsam räumlich übereinander liegenden
　Schichten. Eine ziemlich phantastische Vorstellung, die auf alte Upanishad-
　Gedanken zurückgeht, welche wir hier nicht erörtern können.

NEUNTER GESANG

Der Erhabene sprach

Nun will ich das Geheimste dir verkünden – hör mich willig an! –
Wenn dieses Wissen du erlangt, dann wirst vom Übel du erlöst.
Königs-Wissen und -Geheimnis, das höchste Läutrungsmittel ist's,
Deutlich fassbar, heilig, ewig, und doch zu üben kinderleicht.
Die Menschen, welche glaubenslos sich dieser Lehre nicht vertrau'n,
Verfehlen mich, – sie kehren um auf des Todes, der Wandrung Bahn.
Durch mich ist ausgespannt dies All, die Welt – unsichtbar bin ich
    selbst –
Die Wesen alle sind in mir, ich aber bin in ihnen nicht.
Und wied'rum sind sie nicht in mir – sieh mein, des Herrschers Wun-
    dermacht! –
Mein Ich weilt in den Wesen nicht, doch trägt es sie und bildet sie.
Wie der Wind in dem leeren Raum allüberall beständig geht,
So auch die Wesen allesamt weilen in mir – das fasse recht!
Die Wesen all beim Weltenende gehn ein in meine Urnatur,
Bricht dann ein neu Weltalter an, dann schaffe ich sie wieder neu.
Fußend auf meiner Urnatur schaff' ich sie neu und wieder neu,
Die ganze Schar der Wesen hier, streng nach dem Willen der Natur.
Und all dies Tun und wieder Tun legt mir doch keine Fesseln an;
Ganz gleichmütig bin ich dabei und häng' an diesen Taten nicht.
Ich wache drüber, – die Natur gebiert, was steht und was sich regt;
Aus diesem Grund, o Kunti-Sohn, bewegt sich weiter fort die Welt.
Die Toren nur missachten mich in meiner menschlichen Gestalt,
Sie kennen nicht mein höh'res Sein, den großen Herrn der Wesen all.
Eitles hoffend, Eitles wirkend, Eitles wissend, verstandberaubt,
Halten sie an die trügende Natur böser Dämonen sich.
Die Edlen aber halten sich an meine göttliche Natur,
Mich ehren sie und mich allein als ewigen Urquell alles Seins.
Sie rühmen mich ohn' Unterlass, streben zu mir hin fest und treu,
Sie huldigen in Verehrung mir und weihen sich der Andacht ganz.
Der Erkenntnis Opfer bringen andre dar und verehren mich,

Der ich All-Eins und vielfach doch gesondert überall hinschau' –
Ich bin das Opfer, Gottesdienst, der Manen Trank, das heilige Kraut,
Das Opferlied, das Opferschmalz, das Feuer und die Spende ich!
Ich bin der Vater dieser Welt, bin Mutter, Schöpfer, Ahnherr auch,
Bin Lehre, Läutrung, heilges Om, bin Rik, Sâman und Yajus auch[1].
Weg, Erhalter, Herrscher, Zeuge, Wohnort, Zuflucht und guter Freund,
Ursprung, Vergehen, fester Stand, der Schatz, der ewige Same auch.
Die Wärme schaff' ich, Regen, Flut halt' ich zurück, lass' strömen ich,
Ich bin Unsterblichkeit und Tod, bin Sein und Nichtsein, Arjuna!
Die vedenkund'gen frommen Somatrinker,
Sie streben opfernd nach der Bahn zum Himmel;
Wenn sie erlangt die reine Welt des Indra,
Genießen sie im Himmel Götterfreuden.
Wenn dort den großen Himmel sie genossen,
Wenn ihr Verdienst erschöpft, gehn sie zur Erde;
So, die sich halten an der Veden Satzung,
Erlangen Gehn und Kommen, wunschbesessen.
Doch die nur mir Verehrung weihn und an nichts andres denken mehr,
Diesen ganz mir Hingegebnen gewähr' die volle Wohlfahrt ich.
Auch die glaubensvoll ergeben andern Göttern Verehrung weihn,
Selbst diese ehren doch nur mich, wenn auch nicht grade regelrecht.
Denn der Genießer und der Herr von allen Opfern bin nur ich;
In Wahrheit kennen sie mich nicht, drum sinken wieder sie hinab[2].
Die sich Göttern und Vätern weihn, gehn zu Göttern und Vätern hin,
Geisterdiener zu den Geistern; wer mich verehrt, der kommt zu mir.
Wer in Verehrung Blüt' und Blatt, Frucht und Wasser mir bietet dar,
Solch Huldigungsopfer frommen Sinns nehm' ich an und genieß' es
    auch.
Was du tust und was du issest, was du opferst und was du gibst,
Wenn du büßest, Sohn des Kuntî, – dies alles bringe du mir dar!
So wirst frei du von den Fesseln, die gut und böses Tun dir bringt,
Ob du nun handelst oder nicht, erlöset gehst du ein zu mir.
Gleich bin zu allen Wesen ich, ich habe weder Feind noch Freund,
Doch die liebend mich verehren, die sind in mir, in ihnen ich.
Ein großer Sünder selbst, wenn er mich verehrt und nur mich allein,

Soll gelten als ein guter Mann, weil er sich recht entschieden hat.

Er wird gar bald ein frommer Mann und geht zu ewigem Frieden ein!

Erkenne dies, o Kuntî-Sohn – wer mich verehrt, geht nicht zugrund!

Wenn sie an mich nur halten sich – stammen sie auch aus schlechtem
Schoß,

Weiber, Vâiçyas und Çûdras selbst – sie wandeln doch die höchste
Bahn.

Wieviel mehr reine Brahmanen und fromme Königsweisen auch!

In diese nichtige, arge Welt hineingestellt, verehre mich!

An mich denkend, mich verehrend, mir opfernd, huldige mir allein!

Gibst du in Andacht mir dich hin, dann gehst du einstmals ein zu mir.

Fußnoten

1 Das sind Rigveda, Sâmaveda und Yajurveda – die drei kanonischen Veden,
denen sich als vierter, nicht ganz ebenbürtig, der Atharvaveda anschließt.

2 D. h. in das irdische Dasein, Sansâra

ZEHNTER GESANG

Der Erhabene sprach

Nun höre noch ein Wort von mir, ein höchstes, du Großarmiger!
Ich sag' es dir, weil du mich liebst und weil ich auf dein Heil bedacht.
Es kennen meinen Ursprung nicht die Götter noch die Weisen auch,
Weil ich der Götter Urquell bin und auch der Weisen allesamt.
Wer mich kennt als den Herrn der Welt, der ungeboren, anfangslos, –
Ein solcher Mensch ist nicht betört, der wird von allen Sünden frei.
Einsicht, Wissen, Nichtbetörung, Geduld, Wahrheit und Zucht und
    Ruh,
Glück, Leid, Entstehen und Vergehn, Gefahr, sowie auch Sicherheit;
Nichtverletzung, Gleichmut, Frieden, Buße, Spenden, Ehre und
    Schmach, –
Die mannigfachen Zustände der Wesen stammen all von mir.
Die sieben Weisen alter Zeit und die vier Manus[1] ebenso,
Sie sind im Geist von mir gezeugt, deren Kinder die Menschen sind.
Wer diese Macht und Wunderkraft an mir in voller Wahrheit kennt,
Dem wird zuteil nie wankende Andacht, – da kann kein Zweifel sein.
Ich bin der Ursprung dieses Alls, aus mir geht dieses All hervor, –
In solcher Ansicht huldigen mir die Weisen, ganz von Lieb' erfüllt.
Mein denkend, in mir lebend ganz und sich erweckend wechselsweis,
Erzählend immerdar von mir, sind sie zufrieden und sind froh.
Diesen Immerandächtigen, die mich verehren liebevoll,
Verleih' des Geistes Andacht ich, durch welche sie zu mir eingehn.
Diesen auch aus Barmherzigkeit vernichte ich die Finsternis
Des Nichtwissens mit hellem Licht des Wissens, ruhend in mir selbst.

Arjuna sprach

Höchstes Brahman, höchste Stätte und höchste Läuterung bist du!
Den ewigen Geist, den himmlischen, den Urgott, mächtig, ungebor'n –
So nennen dich die Weisen all, – auch der Gottweise Nârada,
Asita, Vyâsa, Devala[2] – und auch du selber sagst es mir.
Dies alles halte ich für wahr, was du mir sagst, o Keçava!

Denn deine Offenbarung ist Göttern und Geistern unbekannt,
Du selber aber kennst dich wohl durch dich selber, o höchster Geist,
Der Wesen Heiland du und Herr, Gott der Götter und der Herr der
    Welt!
Du kannst es künden ohne Rest, denn himmlisch ist ja deine Macht,
Mit welcher Macht du diese Welt durchdrungen hast und stehst so da.
Wie erkenn' ich dich, Heiliger, wenn ich auch immer denk' an dich?
In welchem Zustand deines Seins soll ich dich fassen, Herrlicher?
Ausführlicher erzähl' mir noch von deiner Wunderkraft und Macht!
Hör' ich den Nektar deines Worts, dann hör' ich mich wohl niemals satt.

Der Erhabene sprach

Wohlan, so will ich's künden dir, denn himmlisch ist ja meine Macht, –
Das Wichtigste nur nenn' ich dir, denn End' und Grenzen hab' ich
    nicht.
Ich bin die Seele dieser Welt, in aller Wesen Herz bin ich,
Ich bin der Anfang, Mitte ich und Ende auch der Wesen all,
Vishnu unter den Adityas[3], die Sonn' in der Gestirne Schar,
Marîci[4] in der Marut Schar, der Mond im Sternenheer bin ich!
Bin der Sâman von den Vedas, bin Indra in der Götter Heer,
Von den Sinnen der innre Sinn, – der Wesen Einsicht, das bin ich.
Bin von den Rudras Çankara[5], Kuvera[6] in der Yakshas Heer,
Bin von den Vasus[7] all das Feuer, von den Bergen der Meru[8] ich.
Wisse, dass ich der erste bin von den Priestern, Brihaspati[9]!
Von den Feldherrn bin ich Skanda[10], von den Seen bin ich das Meer.
Von den Rishis bin ich Bhrigu, von den Worten bin ich das Om[11],
Im Gottesdienst ein leis Gebet, als Gebirg der Himâlaya;
Der Açvattha[12] von den Bäumen, von den Gottweisen Nârada,
Als Gandharve Citraratha[13], von den Seligen Kapila[14];
Wisse, ich bin Uccâihçravas[15] unter den Rossen, meerentstammt,
Als Elephant Airâvata[16], – unter Menschen bin ich der Fürst;
Von den Waffen der Donnerkeil, unter den Kühen Kâmaduh[17],
Als Erzeuger der Liebesgott, unter den Schlangen Vâsuki[18].
Bin Ananta[19] bei den Nâgas, bin Varuna[20] im Wasserreich,
Bin von den Vätern Aryaman, bin Yama[21] in der Zwingherrn Schar.

Bin Prahlâda[22] bei den Dâityas, unter den Zählenden die Zeit,
Bin der Löwe unter den Tieren, unter den Vögeln Garuda[23];
Bin von den Reinigern der Wind, bin Râma in der Helden Schar,
Bin von den Fischen der Delphin, von den Flüssen der Gangâ-Strom.
Anfang und End' der Schöpfungen und Mitte bin ich, Arjuna,
Kunde höchsten Geists im Wissen, der Redner Rede, das bin ich!
Unter den Lauten bin ich A[24], bin Dvandva[25] als Compositum,
Ich bin die Zeit, die nie vergeht, bin der Schöpfer, der allhin schaut.
Ich bin der Tod, der alles raubt, der Ursprung des, was werden soll;
Als Weib: die Ehre, Anmut, Red', Erinnrung, Einsicht, Kraft, Geduld.
Von den Sâmans bin ich Brihat[26], von den Metren die Gâyatrî[27],
Bin als Monat Mârgaçîrsha[28] und der Frühling als Jahreszeit;
Der Würfel unter dem, was trügt, der Glanz der Glänzenden bin ich,
Der Sieg bin ich, Entschluss bin ich, der Guten Güte, das bin ich.
Vâsudeva[29] bei den Vrishnis, unter den Pândus Arjuna,
Vyâsa[30] unter den Asketen, unter den Dichtern Uçanas[31].
Der Stock bin ich der Strafenden, die Politik der Kämpfenden,
Als Geheimnis bin ich Schweigen [32], bin das Wissen der Wissenden.
Was nur von allen Wesen hier der Same ist, ja das bin ich!
Es gibt kein Ding, das ohne mich besteht; sei's ruhend, sei's bewegt.
Kein Ende gibt's, o edler Held, meiner himmlischen Wunderkraft,
Andeutungsweise hab' ich nur von ihrem Umfang dir erzählt.
Was es Herrliches irgend gibt, was schön ist und was kraftvoll ist,
Das, wisse, stammet alles her aus einem Teile meiner Kraft.
Indes, was soll dir, Arjuna, dies mannigfaltige Wissen all? –
Mit einem Teile meiner selbst hab' ich dies Weltall festgestellt!

Fußnoten

1 Vorsteher, resp. Schöpfer und Ordner der großen Weltperioden, der vier Weltalter. Auf den mythischen Manu des jetzigen Weltalters wird das berühmte Gesetzbuch zurückgeführt.

2 Bekannte Seher der Vorzeit

3 Eine Ordnung höchster Götter

4 Marîci, der oberste unter den Sturmgöttern, den Marut

5 Çankara, der Heilvolle, ein Beiname des Çiva-Rudra, welcher seit alters als der oberste unter den Rudras, einer Ordnung göttlicher Wesen, gilt, die halb unheimlich und gefahrbringend, halb heilvoll und helfend gedacht sind.

6 Kuvera ist Gott des Reichtums, Herr der Yaksha genannten Halbgötter oder Elfen

7 Eine bestimmte Götterordnung

8 Meru, der mythische Weltenberg. Er ist aus Gold, die sieben Weltinseln liegen um ihn herum und die Gestirne kreisen um ihn.

9 Brihaspati, Herr des Gebets, der Priester unter den Göttern

10 Skanda, der Kriegsgott

11 Das heiligste Wort, von mystischer Bedeutung

12 Der heilige Feigenbaum

13 Citraratha ist König der Gandharven genannten Halbgötter

14 Kapila, ein mythischer Weiser, der angebliche Begründer der Sânkhya-Lehre

15 Ein mythisches Ross, das bei der Quirlung des Ozeans durch die Götter herausgekommen sein soll – Prototyp und Urbild aller Rosse.

16 Der bei der Quirlung des Ozeans herausgekommene Elefant, das Reittier des Indra, Prototyp aller Elefanten.

17 Die berühmte Wunschkuh, die jeden Wunsch alsbald erfüllte

18 Der Fürst der Schlangen

19 Ananta »Unendlich«, Beiname des Çesha, des Königs der Nâga oder Schlangendämonen.

20 Der Gott der Gewässer

21 Der Todesgott

22 Prahlâda oder Prahrâda, der fromme Sohn des bösen Riesen Hiranyakaçipu – ein standhafter Verehrer Vishnus unter dem götterfeindlichen Dämonengeschlechte der Dâityas; vgl. die rührende Geschichte des Prahrâda bei Schack, Stimmen vom Ganges.

23 Der mythische König der Vögel, Reittier des Vishnu

24 Weil dies der erste Buchstabe ist, auch im Alphabet der Inder

25 Das Dvandva oder copulative Kompositum steht in der Grammatik der Inder als erstes da in der Reihe der Nominal-Composita, daher es auf diesem Gebiet quasi eine führende Stellung einnimmt.

26 Das Brihat ist einer der hervorragendsten unter den Sâmans oder heiligen Opfergesängen.

27 Hervorragend wichtiges und heiliges Metrum im Rigveda

28 Der erste Monat im Jahr

29 Vâsudeva, ein Beiname des Krishna; als solcher gehört er zum Geschlechte der Vrishnis.

30 Der berühmte mythische Verfasser des Mahâbhârata

31 Ein schon im Rigveda genannter Dichter und Seher der Vorzeit

32 Eigentl. »unter den geheimen verborgenen Dingen bin ich das Schweigen«.

ELFTER GESANG

Arjuna sprach

Da mir zu Liebe du das Wort, das höchst geheimnisvolle, sprachst,
Das höchsten Geistes Siegel trägt, bin ich von allem Irrtum frei.
Der Wesen Werden und Vergehn hab' ich ausführlich nun gehört,
Von dir, du Lotusäugiger, – und deine ewige Herrlichkeit.
So wie du hier geschildert hast dich selbst, du höchster aller Herrn,
So möcht' ich schaun deine Gestalt, die göttliche, du höchster Geist!
Wenn du's für möglich hältst, dass ich dies schauen kann, du Mächtiger,
Dann, Herr der Andacht, zeige mir dich selber als den Ewigen!

Der Erhabene sprach

So schau denn die Gestalten mein hundert- und tausendfältig hier,
Die mannigfaltigen, himmlischen, in Farb' und Form verschiedenen.
Schau die Adityas, die Vasus, die Rudras, Açvin, Marutas,
Viele, nie zuvor geschaute Wunder, schau sie, o Bhârata!
In Einem schau die ganze Welt, was sich bewegt und nicht bewegt,
In meinem Leibe sieh das hier, und was du sonst noch sehen magst.
Doch wirst du mich nicht können sehn mit diesem deinem eignen
    Aug', –
Ein himmlisch Auge geb' ich dir, – schau mein, des Herren, Wunder-
    macht!

Sanjaya sprach

So sprach er und sodann, o Fürst, – Hari[1], der große Wunderherr,
Offenbarte dem Prithâ-Sohn seine Gestalt als höchster Gott.
Mit manchem Munde, manchem Aug', manch wunderbarem Angesicht.

Versehn mit manchem Götterschmuck und Götterwaffen schwingend
viel.

Götterkränz' und -kleider tragend, an Himmelsduft und -salben reich,
Ganz Wunder, strahlend, grenzenlos, das Antlitz allerwärts gewandt.
Wenn das Licht von tausend Sonnen am Himmel plötzlich bräch'
hervor,
Zu gleicher Zeit, – das wäre gleich dem Glanze dieses Herrlichen.
In Einem dort die ganze Welt vereint, doch mannigfach geteilt,
In des Gottes der Götter Leib erblickte sie der Pându- Sohn.
Da, von Erstaunen ganz erfüllt, am Leibe schauernd, neigte sich
Arjuna mit dem Haupt und sprach die Hände faltend zu dem Gott:

Arjuna sprach

Die Götter schau' ich all in deinem Leibe,
O Gott, so auch die Scharen aller Wesen,
Brahman, den Herrn, auf seinem Lotussitze,
Die Rishis alle und die Himmelsschlangen.
Mit vielen Armen, Bäuchen, Mündern, Augen
Seh ich dich, – allerwärts endlos gestaltet;
Nicht Ende, Mitte, noch auch Anfang seh' ich
An dir, du Herr des Alls, du allgestaltiger!
Mit Diadem, mit Keule und mit Diskus,
Ein Berg von Glanz, nach allen Seiten strahlend,
So seh' ich dich, ringsum schwer anzuschauen,
Wie strahlend Feuer und Sonnenglanz, unmessbar.
Das Unvergängliche, höchst Wissenswürdige,
Der größte Schatz bist du des ganzen Weltalls,
Du bist des ew'gen Rechtes ewiger Hüter,
Als ewigen Urgeist hab' ich dich begriffen.
Ohn' Anfang, Mitte, End', unendlich kraftvoll,
Mit Armen ohne End', mond-sonnen-äugig,
Mit einem Mund wie strahlend Opferfeuer
Seh' ich mit eigner Glut dies All dich wärmen.
Was zwischen Erd' und Himmel ist, erfüllst du
Mit dir allein, und jede Himmelsgegend, –

Die Dreiwelt bebt, wenn deine wundersame
Schreckensgestalt sich ihren Blicken zeiget.
Sieh dort der Götter Scharen zu dir treten,
Furchtsam, die Hände faltend, sie dich preisen;
Heil! ruft die Schar der Seher und der Seligen, –
Sie preisen dich mit prächtigen Lobgesängen.
Die Rudras, Adityas, Vasus und Sâdhyas[2],
Allgötter, Açvin, Marutas und Manen,
Gandharven, Yakshas, Asuras[3] und Selige,
Sie alle schau'n empor zu dir voll Staunen.
Dein Riesenleib mit vielen Münden, Augen,
Mit vielen Armen, vielen Schenkeln, Füßen,
Mit vielen Bäuchen, Rachen voller Zähnen, –
Es bebt die Welt, ihn schauend – ich auch bebe.
Den Himmel rührend, strahlend, mannigfärbig,
Mit offnem Munde, großen Flammenaugen, –
Schau' ich dich so, dann zittert meine Seele,
Nicht find' ich Festigkeit und Ruh', o Vishnu.
Schau deine Rachen ich mit dräunden Zähnen,
Dem Feuer ähnlich bei der Zeiten Ende,
Dann weiss ich nichts und finde nirgends Zuflucht, –
Sei gnädig, Götterherr, du Weltenwohnstatt!
Und diese Söhne all des Dhritarâshtra,
Zusamt den Scharen königlicher Helden,
Bhîshma und Drona, samt des Lenkers Sohne[4],
Zusamt den Unsrigen, den besten Kämpfern;
Sie nahen eilend sich zu deinen Rachen,
Den schrecklichen, klaffend mit dräunden Zähnen;
Es stecken manche schon zwischen den Zähnen,
Man kann sie sehen mit zermalmten Köpfen!
Gleichwie der Ströme mächtige Wasserwogen
Zum Meere hin, ihm zugewendet, laufen,
So diese Helden aus der Welt der Menschen
Bewegen sich in deine Flammenrachen.
Wie Schmetterlinge in ein flammend Feuer

In voller Hast zum Untergange eilen,
So eilen auch zum Untergang die Menschen
In voller Hast hinein in deine Rachen.
Du leckst und züngelst rings umher, verschlingend
Die Menschen alle mit den Flammenrachen;
Die ganze Welt mit ihrem Glanz erfüllend
Glühn deine fürchterlichen Strahlen, Vishnu!
Sag mir, wer bist du, Fürchterlichgestaltiger?
Verehrung dir, du höchster Gott, sei gnädig!
Dich Uranfänglichen möcht' ich erkennen,
Denn nicht begreifen kann ich die Erscheinung.

Der Erhabene sprach

Ich bin die Zeit, die alle Welt vernichtet,
Erschienen, um die Menschen fortzuraffen;
Auch ohne dich sind sie dem Tod verfallen,
Die Kämpfer all, die dort in Reihen stehen.
Darum erheb' dich! Ruhm sollst du erwerben!
Den Feind besiegend, freu' dich reicher Herrschaft!
Durch mich sind diese früher schon getötet,
Du sei nur Werkzeug, Kämpfer mit der Linken.
Den Drona, den Jayadratha, den Bhîshma,
Den Karna und die andern Kämpferhelden,
Die ich getötet, töte du! nicht zittre!
Kämpfe! du wirst im Streit die Gegner fällen.

Sanjaya sprach

Als dieses Wort des Krishna er vernommen,
Die Hände faltend, zitternd, ihn verehrend,
Sprach wieder also Arjuna zu Krishna,
Nur stammelnd, ganz in Furcht, vor ihm sich neigend:

Arjuna sprach

Mit Recht erfreuet sich an deinem Ruhme
Die Welt und ist dir ehrfurchtsvoll ergeben;
Die Rakshas[5] fliehn entsetzt nach allen Seiten,

Der Seligen Scharen all vor dir sich neigen.
Und warum sollten sie sich dir nicht beugen,
Dem ersten Schöpfer, würdiger selbst als Brahman?
Du Götterherr, Endloser, Weltenwohnstatt,
Du bist der Ewige, Höchste, Sein und Nichtsein!
Du bist der erste Gott, der alte Urgeist,
Du bist der höchste Schatz des ganzen Weltalls,
Wisser und Wissenswürdges, höchste Stätte,
Du hast das All gespannt, Endlosgestaltger.
Wind, Feuer, Yama, Varuna, der Mond auch,
Prajâpati bist du, und erster Ahnherr;
Verehrung dir, Verehrung tausend Male,
Und mehr noch, mehr, Verehrung dir, Verehrung!
Verehrung dir im Angesicht, im Rücken,
Von allen Seiten Ehre dir, du Alles!
Unendlich mannhaft, unermesslich kraftvoll,
Vollendest du das All und bist selbst Alles.
Wenn ungestüm, für meinen Freund dich haltend,
Ich »Krishna«, »Yâdava«[6] und »Freund« dich nannte,
Unkundig deiner wunderbaren Größe,
Zu unbedachtsam oder zu vertraulich;
Und wenn im Scherz ich dich nicht richtig ehrte,
Im Wandeln, Ruhen, Sitzen oder Essen,
Ob du allein warst, ob vor allen diesen, –
Ich bitt' dich um Vergebung, Unermessner!
Vater der Welt, die sich bewegt und fest ist,
Verehrungswürdig, mehr uns als ein Lehrer, –
Dir gleich ist niemand, – wer dir überlegen?
In dieser Dreiwelt, unvergleichlich mächtiger!
Mich beugend drum, den Körper niederwerfend,
Such' deine Gnade ich, du Herr der Ehren!
Wie seines Sohns ein Vater, Freund des Freundes,
Geliebter der Geliebten – musst du schonen.
Noch nie Geschautes freu' ich mich zu schauen,
Allein vor Furcht bebt mir das Herz und zittert,

Zeig' die Gestalt, o Gott mir, die ich kenne,
Sei gnädig, Götterherr, Wohnstatt der Welten!
Mit Diadem und Keule, mit dem Diskus
In deiner Hand, so wünsch' ich dich zu sehen;
Nimm wieder an die Form mit den vier Armen,
Du Tausendarmiger, du Allgestaltiger!

Der Erhabene sprach

Aus Gnaden hab' ich dir nun offenbaret
Mein höchstes Wesen hier, kraft meiner Allmacht, –
Strahlend, unendlich, ganz und uranfänglich, –
Kein andrer hat vor dir sie je gesehen.
Nicht durch den Veda, Opfer, Studium, Spenden,
Zeremonien oder grausige Büßung
Kann mich in solcher Form ein andrer schauen
Im Menschenvolk, du großer Held der Kurus!
Nicht soll dich Angst befangen und Verwirrung
Beim Anblick meiner schrecklichen Gestaltung,
Von Furcht befreit, fröhlichen Sinnes wieder
Sollst du mich schaun, so wie ich dir bekannt bin.

Sanjaya sprach

Als Krishna so zum Arjuna gesprochen,
Da zeigt' er sich in alter Art ihm wieder,
Und so beruhigte er den Erschreckten,
In freundlicher Gestalt, der hochgesinnte.

Arjuna sprach

Da wieder deine menschliche Gestalt ich schau', die freundliche,
Kehrt die Besinnung mir zurück und wieder werd' ich, der ich war.

Der Erhabene sprach

Die schwer zu schauende Gestalt, die du von mir gesehen hast,
Nach deren Anblick sehnen sich sogar die Götter immerfort.
Durch Veden nicht, durch Buße nicht, durch Spenden und durch Opfer
nicht

Bin ich in dieser Form zu schaun, wie du mich jetzt gesehen hast.

Nur wer mich ganz allein verehrt, der kann mich schaun in solcher Form,

Kann mich erkennen ganz und gar und endlich eingehn auch in mir.

Wer handelt so, wie's mir gefällt, mich ehrt, mich liebt, die Welt verschmäht,

Und allen Wesen freundlich ist, der kommt zu mir, o Pându-Sohn!

Fußnoten

1 Ein Beiname des Vishnu-Krishna

2 Verschiedene Götterordnungen

3 Die götterfeindlichen Dämonen

4 Sohn eines Wagenlenkers, eines Sûta – so wird der Held Karna genannt, als Adoptivsohn des Sûta Adhiratha.

5 Böse Geister, Unholde

6 Ein Beiname des Krishna, nach seiner Herkunft aus dem Stamme der Yâdava, der Nachkommen des Yadu.

ZWÖLFTER GESANG

Arjuna sprach

Die so beständig andachtsvoll dich verehren, und die dem Kult
Des Unvergänglichen sich weih'n[1] – wer ist der Andacht besser kund?

Der Erhabene sprach

Die ganz in mich versenkt nur mir andächtig stets Verehrung weihn,
Von höchstem Glauben ganz erfüllt, denen gebührt der Andacht Preis.
Doch die dem Unvergänglichen, Unsichtbaren Verehrung weihn,
Das überall weilt, unvorstellbar, fest, unbeweglich, gipfelhoch;
Die, bändigend ihrer Sinne Schar, gleichgesinnt gegen jedermann,
An aller Wesen Heil sich freun, – auch die erlangen mich gewiss.
Mehr Mühsal aber haben sie, die sich dem Unsichtbaren weihn;
Von Körperwesen wird nur schwer das unsichtbare Ziel erreicht.
Die aber all ihr Tun auf mich hinwerfen, mir ergeben ganz,
In Andacht, die nur mir geweiht, mich verehren, in mich versenkt,
Denen werd' ich ein Retter sein aus dem Meere der Todeswelt,
In Kürze schon, o Prithâ-Sohn, wenn all ihr Denken mir gehört.
Drum richt' auf mich nur deinen Sinn und senk' in mich nur deinen
    Geist,
So wirst du wohnen auch in mir nach dieser Zeit unzweifelhaft.
Doch kannst dein Denken du in mich noch nicht versenken ganz und
    gar,
Dann suche zu erreichen mich durch Andacht, die du eifrig übst.
Bist du auch dazu noch zu schwach, dann weihe dich dem Tun für
    mich, –
Wenn meinethalb du Werke tust, wird auch Vollendung dir zuteil.
Wenn du auch das nicht leisten kannst, auf die Andacht zu mir ge-
    stützt,
Verzicht' auf aller Taten Frucht, als einer, der sich selbst bezähmt.
Mehr ist Erkenntnis als Bemühn, Versenkung noch viel höher steht,
Noch höh'r Verzicht auf Tatenfrucht, – dann ist der Seelenfrieden da.
Wer keinem Wesen feindlich ist, freundlich gesinnt und mitleidsvoll,

Von Selbstsucht und von Dünkel frei, geduldig, gleich in Leid und Lust,
Zufrieden, immer andachtsvoll, sich zügelnd, dem Entschlusse treu,
Mit Sinn und Geist in mich versenkt, – wer so mich ehrt, der ist mir
    lieb.
Vor dem die Welt nicht zittern muss, der auch nicht zittert vor der Welt,
Wer frei von Freude, Unmut, Furcht und Aufregung, der ist mir lieb.
Unbekümmert, rein und tüchtig, unparteiisch und unverzagt,
Alle Pläne fahren lassend, – wer so mich ehrt, der ist mir lieb.
Wer nicht frohlocket und nicht hasst, um nichts trauert und nichts
    begehrt,
Wer Wohl und Übel fahren lässt und mich verehrt, der ist mir lieb.
Gleichmütig gegen Feind und Freund, gleichmütig gegen Ehr' und
    Schmach,
Kält' und Hitze, Glück und Unglück, befreit vom Hängen an der Welt;
Lob und Tadel gleich viel achtend, schweigsam, zu frieden immerdar,
Ohn' Haus und Heim, von festem Sinn, – solch ein Verehrer ist mir
    lieb.
Und die dem Nektar meines Worts, dem heiligen, Verehrung weihn,
Glaubensvoll, mir ganz ergeben, mich liebend – ja, die sind mir lieb!

Fußnoten

1 D. h. die das neutrale Brahman, die unpersönlich gedachte göttliche Substanz
  verehren. – Die Frage zielt also dahin, ob Verehrung eines persönlichen
  Gottes oder des unpersönlichen Absoluten höher zu werten sei.

DREIZEHNTER GESANG

Der Erhabene sprach

Dieser Leib, o Sohn der Kuntî, er wird bezeichnet als das »Feld«,
Wer diesen kennt, den nennet man den »Feldkenner«[1] – es ist der Geist!
Wisse, dass ich Feldkenner bin auf allen Feldern, Bhârata!
Vom »Feld« und von dem »Feldkenner« das Wissen ist des Namens
    wert[2].

Doch was das Feld und wie es ist, wie sich verändernd und woher,
Auch des Feldkenners Art und Macht vernimm in Kürze nun von mir.
In manchen Rhythmen sang es einst vielfältig manches Sängers Mund,
In klaren, wohlbegründeten Brahman-Büchern verkündet ist's.
Die Elemente und das Ich, der Verstand, das Unsichtbare,
Zehn Sinne und der inn're Sinn[3], auch die fünf Sinnesreiche noch;
Begehren, Hassen, Lust und Leid, Körper, Denken und Festigkeit, –
Zusammen wird's das »Feld« genannt, in dem ein ewiger Wechsel
    wohnt[4].

Bescheidenheit und Redlichkeit, das Nichtverletzen, die Geduld,
Reinheit, Ehrfurcht vor dem Lehrer, Beständigkeit, Selbstzügelung;
Entsagung von der Sinnenwelt, vor allem auch Selbstlosigkeit,
Ein recht Erwägen, wie Geburt, Tod, Alter, Krankheit Schmerz be-
    wirkt;

Kein Hang zur Welt, noch Sichklammern an Söhne, Gattin, Haus und
    Hof,

Beständige Gleichmütigkeit bei jedem Schicksal, gut und bös;
Verehrung, die sich nicht verirrt, durch Andacht, die nur mir geweiht,
Das Wohnen in der Einsamkeit, an Gesellschaft sich nicht erfreun;
Stetes Erkennen höchsten Geist's, die Einsicht in des Wissens Zweck,
Das ist es, was man Wissen nennt, – was anders ist, Nichtwissen heißt's.
Ich sag' dir, was man wissen muss, was die Unsterblichkeit verschafft,
Das anfangslose, höchste Brahm, nicht Sein noch Nichtsein wird's
    genannt.

Hände und Füße, Augen, Köpf' und Münder hat es überall,
Auch Ohren hat's in aller Welt, das All umfassend steht es da;

Strahlend durch aller Sinne Kraft, von allen Sinnen doch ganz frei,
Alltragend, qualitätenlos, und doch der Qualitäten froh;
In- und außerhalb der Wesen, sich bewegend und unbewegt,
Unerfassbar ob der Feinheit, ganz fern und wiederum ganz nah;
Nicht zerteilet in den Wesen und wie zerteilt doch steht es da,
Als der Wesen Träger kenn' es, der sie verschlingt und wieder zeugt.
Das Licht der Lichter wird's genannt, das über aller Finsternis,
Wissen, wissbar, wissenswürdig, in Jedes Herzen steckt es drin.
So vom »Feld« und von dem Wissen und Wissenswürdgen sagt' ich dir[5],
Wer mich verehrt und dies erkennt, wird teilhaft meines Wesens sein.
Natur und Geist – das wisse du – ohne Anfang sie beide sind;
Doch Veränd'rung und Qualität entspringen beid' aus der Natur.
Bei allem, was das Tun betrifft, dafür ist die Natur Prinzip.
Beim Genießen von Lust und Leid wird der Geist das Prinzip genannt.
Der Geist, in die Natur gebannt, schmeckt, was sie schafft, die Qualität,
Sein Hängen an der Qualität ist Ursach steter Neugeburt.
Der Zeuge, der Gewährer auch, Träger, Genießer, großer Herr
Und höchstes Selbst[6] auch wird genannt in diesem Leib der höchste
    Geist [7].
Wer so den Geist und die Natur zusamt den Qualitäten kennt,
Wo und wie er sich auch bewegt, erleidet keine Neugeburt.
Durch Versenkung schauen manche in sich und durch sich selbst das
    Selbst,
Andre schaun's durch Kraft des Denkens[8], durch Werkübung noch
    andere;
Andre ehren es unwissend, da sie von andern es gehört;
Auch sie besiegen so den Tod, der heiligen Schrift ergeben ganz.
Sooft ein Wesen auch entsteht, sei es beweglich oder fest,
Es wird durch die Vereinigung des Felds und des Feldkundigen.
Wer in den Lebewesen all denselben höchsten Herrn erblickt,
Der nicht vergeht, wenn sie vergehn, – wer das erkennt, hat recht
    erkannt.
Denn wer denselben Herrn erkennt als den, der allen innewohnt,
Verletzt das Selbst nicht durch das Selbst und wandelt so die höchste
    Bahn [9].

Und wer die Taten allerwärts durch die Natur nur sieht geschehn,
Das Selbst dabei als nichthandelnd erkennet, der hat recht erkannt.
Wenn er die Sonderexistenz der Wesen all in Einem schaut,
Und von Diesem aus entwickelt, dann wandelt er zum Brahman hin.
Dies ewige und höchste Selbst, ohn' Anfang, ohne Qualität,
Wenn es auch in dem Körper wohnt, doch handelt's nicht, wird nicht
   befleckt.
Der Äther ist allüberall[1], wird nicht befleckt, weil er zu fein, –
So wird das Selbst auch nicht befleckt, auch wenn's in allen Körpern
   weilt.
Wie die Sonne die ganze Welt allein mit ihrem Licht erhellt,
So erleuchtet das ganze Feld der Herr des Felds, o Bhârata!
Die zwischen Feld und Feldkenner den Unterschied mit Wissensaug'
Erkennen, die Erlösung auch von der Natur, – die gehn zu Gott.

Fußnoten

1 Das materielle und das geistige, erkennende Prinzip – Natur einerseits, Geist
andererseits – werden sich hier gegenübergestellt unter originellen Namen.
Das erstere wird als Feld oder Ort (kshetra) gefasst und bezeichnet das Gebiet,
auf welchem oder in welchem das geistige, erkennende Prinzip sich bewegt.
Dieses letztere, die Seele, erhält die merkwürdige Bezeichnung Kenner des
Feldes oder des Ortes, der Feldkenner (kshetrajna). Man begreift den
Gedanken, doch muss man sich an die originelle Auffassung erst gewöhnen.

2 Das Wissen von jenen beiden großen Prinzipien verdient wirklich Wissen
genannt zu werden.

3 Man rechnet fünf Wahrnehmungssinne – Gesicht, Gehör, Geruch,
Geschmack, Gefühl – und fünf Tatsinne – Reden, Greifen, Gehen, Entleeren,
Zeugen; dazu kommt als elfter der sogen. innere Sinn (manas), der sie als
Zentralorgan regiert.

4 Nur der innerste Kern unseres geistigen Wesens gilt der indischen Philosophie
als ewig, unwandelbar, göttlich oder der Vereinigung mit dem Göttlichen fähig.
Nicht nur die Sinne, auch der sogen innere Sinn, der Verstand u. a. m. wird als
Produkt der Natur, der Prakriti, die hier »das Feld« heisst, angesehen. Jener
innerste, ewige, göttliche Kern unseres Wesens ist qualitätenlos; das ganze
Reich der Qualitäten gehört der Natur, dem »Feld« an und ist eben darum
ewigem Wechsel unterworfen. Das Ewige in uns ist von einem geistigen und
einem körperlichen Leibe umgeben, welche beide nicht dauern, sondern sich
wandeln, resp. auch zugrunde gehen. Die Erlösung des Ewigen in uns aus den
Banden der Natur ist das Ziel, dem wir zustreben sollen.

5 Wieder stehen sich hier die beiden großen Prinzipien gegenüber. Wie das
»Feld«, d. i. die Natur, mit dem Nichtwissen (im Vedânta), der Mâyâ,

zusammenfällt, so das Wissen mit dem Wissenswürdigen, dem ewigen, geistigen Prinzip, dem alten Brahman-Atman, dem »Feldkenner«, wie es oben heisst, der Seele, die Eins ist und doch in eines Jeden Herzen steckt, scheinbar zerteilt und doch in Wahrheit ewig ungeteilt

6 Der höchste Atman, Paramâtmâ (Atman = Selbst)

7 Der höchste Purusha (purushah parah); Atman und Purusha sind als ein und dasselbe erkannt, nur verschiedene Bezeichnungen derselben Größe, die zu Anfang und Ende des Gesanges »der Feldkenner« genannt wird.

8 Sânkhya-Yoga; ähnlich Deussen: »Durch Hingebung an die Reflexion«.

9 Diese beiden Verse, 27 und 28, sind ein klassischer Ausdruck der schon in den Upanishaden gewonnenen Weisheit des tat tvam asi, der einzig haltbaren philosophischen Grundlage der altruistischen Moral. Sie sind es, auf welche darum Schopenhauer am Schluss seiner berühmten Abhandlung über die »Grundlage der Moral« hindeutet, mit den denkwürdigen Worten: »In allen Jahrhunderten hat die arme Wahrheit darüber erröten müssen, dass sie paradox war: und es ist doch nicht ihre Schuld. Sie kann nicht die Gestalt des thronenden allgemeinen Irrtums annehmen. Da sieht sie seufzend auf zu ihrem Schutzgott, der Zeit, welcher ihr Sieg und Ruhm zuwinkt, aber dessen Flügelschläge so groß und langsam sind, dass das Individuum darüber hinstirbt. So bin denn auch ich mir des Paradoxen, welches diese metaphysische Auslegung des ethischen Urphänomens für die an ganz andersartige Begründungen der Ethik gewöhnten occidentalisch Gebildeten haben muss, sehr wohl bewusst, kann jedoch der Wahrheit nicht Gewalt antun. Vielmehr ist alles, was ich aus dieser Rücksicht über mich vermag, dass ich durch eine Anführung belege, wie jene Metaphysik der Ethik schon vor Jahrtausenden die Grundansicht der indischen Weisheit war, auf welche ich zurückdeute, wie Kopernikus auf das von Aristoteles und Ptolemäos verdrängte Weltsystem der Pythagoreer. Im Bhagavad-Gita, Lectio 13; 27, 28, heisst es nach A. W. v. Schlegels Übersetzung: Eundem in omnibus animantibus consistentem summum dominum, istis pereuntibus haud pereuntem qui cernit, is vere cernit. – Eundem vere cernens ubique praesentem dominum, non violat semetipsum sua ipsius culpa: exinde pergit ad summum iter. –«

10 Der freie Raum oder der Äther (âkâça) gilt bei den Indern als das fünfte Element.

VIERZEHNTER GESANG

Der Erhabene sprach

Weiter will ich dir verkünden das höchste Wissen, das es gibt,
Welches kennend die Weisen all höchste Vollkommenheit erreicht.

Auf dieses Wissen fest gestützt sind eins geworden sie mit mir,
Auch Weltschöpfung, Weltvernichtung bringt ihnen nicht Geburt und
Schmerz.

Das große Brahman ist mein Schoß, in den ich leg' den Lebenskeim,
Das Werden aller Wesen hat dort seinen Ursprung, Bhârata.

In allen Mutterschößen, Freund, welche Gestalten auch entstehn,
Brahman ist deren Mutterschoß, den Samen geb' als Vater ich.

Güte, Leidenschaft, Finsternis[1], die Qualitäten der Natur,
Sie fesseln in dem Leibe hier den Geist, den unvergänglichen.

Güte ist strahlend, leidenlos, weil sie von allen Flecken frei,
Sie fesselt durch das Hängen an dem Glück und an dem Wissen dich.

Die Leidenschaft ist voll Begehr, erzeugt das Hängen an dem Durst[2],
Sie fesselt deine Seele hier durch Hängen an der Tatenlust.

Finsternis aus Nichtwissen stammt und alle Sterblichen betört,
Sie fesselt durch Nachlässigkeit, Faulheit und Schlaf, o Bhârata.

Güte lässt hängen an dem Glück, Leidenschaft an der Tatenlust,
Finsternis in Nachlässigkeit, nachdem das Wissen sie umhüllt.

Zwingst Leidenschaft und Dunkel du, dann tritt die Güte siegreich vor,
Wenn Leidenschaft und Güte-Dunkel; wenn Güt' und Dunkel-Leiden-
schaft.

Wenn in des Leibes Pforten all des Wissens helles Licht erscheint,
Dann wisse wohl, dann wuchs in ihm die Qualität der Güte groß.

Habsucht, Streben, Unternehmen von Taten, Unruh und Begier,
Diese entstehn, o Bhârata, wenn Leidenschaft erwachsen ist.

Ein finstres Wesen, Nichtstreben, Nachlässigkeit, Betörung auch,
Diese entstehn, o Kuru-Sohn, wenn Finsternis erwachsen ist.

Ward Güte in dem Menschen groß, dann nach dem Tod erreichet er
Jene fleckenlosen Welten der höchsten Wissens Kundigen.

Stirbt er in Leidenschaft, dann kommt er unter Tätigen neu zur Welt,

Stirbt er im Dunkel, wird er neu geboren aus betörtem Schoß.
Die Frucht der recht getanen Tat ist guten Wesens, fleckenlos,
Die Frucht der Leidenschaft ist Leid, – Nichtwissen ist des Dunkels
    Frucht.
Aus der Güte entsteht Wissen, aus der Leidenschaft die Begier,
Nachlässigkeit, betörter Sinn, Nichtwissen aus dem Dunkel stammt.
Hinauf gehn, die an Güte reich, – Leidenschaft in der Mitte bleibt;
Hinunter geht der Finsterling von der niedersten Qualität.
Wenn keinen Täter du mehr kennst als nur der Qualitäten Schar,
Auch weisst, was über diesen steht, – dann gehst du in mein Wesen ein.
Wenn der Mensch die leibzeugenden drei Qualitäten hat besiegt,
Frei von Geburt, Tod, Alter, Schmerz erlangt er die Unsterblichkeit.

Arjuna sprach

An welchen Zeichen wird, o Herr, solch ein siegreicher Mensch
    erkannt?
Wie ist sein Wandel? wie gelangt er über alle drei hinaus?

Der Erhabene sprach

Wenn er das Licht, das Streben auch und die Betörung, Pându-Sohn,
Nicht hasst, wenn sie geworden sind, nicht wünscht, wenn sie ge-
    schwunden sind;
Wenn von den Qualitäten er, gleichmütig ganz, nicht wird bewegt,
»Die Qualitäten wirken!« denkt und stille steht, sich gar nicht rührt;
Gleich achtend Glück und Ungemach, gleich achtend Erdkloß, Stein
    und Gold,
Was lieb und unlieb, – festen Sinns, gleich achtend Tadel wie auch Lob;
In Ehren wie in Schanden gleich, zu Freunden und zu Feinden gleich;
Aufgebend all und jeden Plan, der ward der Qualitäten Herr.
Und wer mich fest und unverrückt in liebevoller Andacht ehrt,
Besiegt der Qualitäten Reich und wird für Brahmans Wesen reif.
Ich bin des Brahman Fundament, des unsterblichen, ewigen,
Des ewigen Gesetzes auch, des Glückes, das alleinzig ist.

Fußnoten

1 sattva Güte, rajas Leidenschaft, tamas Finsternis oder Dunkel – dies dürfte doch wohl noch die entsprechendste Übersetzung der bedeutsamen Termini für die drei großen Qualitäten sein. Nur »Güte« für sattva reicht eigentlich nicht ganz aus, da in dem indischen Worte sattva, sat – für uns unübersetzbar – der Begriff des Seins, des eigentlichen, wahren, wesenhaften Seins und der Begriff des Guten sich vereinigt; das »Echte« klingt an, genügt aber doch auch nicht. »Wesenheit«, wie Boxberger übersetzt, ist ein viel zu leeres, viel zu wenig besagendes Wort. Wir können das Manko unserer Sprache nicht ausfüllen, müssen uns nur immer daran erinnern, dass das indische Wort mehr umfasst als das deutsche. Man vgl. übrigens unten Gesang 17, Vers 26-28, wo der Dichter selbst den Begriff des sat, des »Seienden«, erläutert. – Die Übersetzung der drei Qualitäten bei Dahlmann durch Licht, Trübung, Finsternis nimmt sich zwar sehr gut aus, aber sattva heisst nun leider niemals Licht.

2 Der Durst im übertragenen Sinne, die Begierde. – Vgl. übrigens R. Garbes Übersetzung und seine zugehörige Anmerkung.

FÜNFZEHNTER GESANG

Der Erhabene sprach

Wurzelaufwärts, zweigeabwärts, so steht der ewige Feigenbaum,
Dessen Blätter Veda-Lieder; den Veda kennt, wer diesen kennt.
Abwärts und aufwärts gehen dessen Zweige,
Qualitäterwachsen, Sinnendinge sprossend;
Nach unten auch die Wurzeln sich verbreiten,
Die durch der Taten Band die Menschen fesseln.
Seine Gestalt erfasst man nicht auf Erden,
Nicht End' noch Anfang, noch des Baumes Dauer;
Wenn dieser Baum mit seinen mächtigen Wurzeln
Durch der Entsagung hartes Schwert gefällt ist,
Dann muss man suchen jene höchste Stätte,
Von der die Wandrer nimmer wiederkehren,
Denkend: Ich geh' zu jenem ersten Urgeist,
Von dem seit alters alles Werden ausgeht.
Von Stolz und Torheit frei, Welthangbesieger,
Im höchsten Selbst nur lebend, ohn' Begehren,
Befreit von Lust und Leid der Gegensätze,
Geht unbeirrt man so zur ew'gen Stätte.
Den Ort erhellt die Sonne nicht, der Mond nicht und das Feuer nicht;
Von wo man nimmer wiederkehrt, ja, meine höchste Wohnstatt ist's.
Ein Teil von mir in dieser Welt als Einzelseele lang schon lebt,
Die Sinne samt dem innern Sinn zieht er an sich aus der Natur.
Wenn er als Herr den Leib erlangt und wenn er wieder tritt hinaus,
Die Sinne fassend geht er hin, gleichwie der Wind die Düfte fasst.
Gehör, Gesicht, Gefühl, Geschmack, Geruch, sowie den innern Sinn,
Als Herr bemeisternd steht er da und genießet die Sinnenwelt.
Ob er hinaus geht oder bleibt und genießt, qualitätbegabt,
Törichte Menschen sehn ihn nicht, des Wissens Aug' nur lässt ihn
schaun.
Andächtige, die sich drum bemühn, die schaun ihn in dem eignen
Selbst,

Doch Toren, Unbereitete, ob sie sich mühn auch, sehn ihn nicht.

Der Glanz, der in der Sonne ist und diese ganze Welt erhellt,

Der in dem Mond, im Feuer ist, das, wisse, ist mein eigner Glanz.

Eindringend in die Erde trag' die Wesen ich mit meiner Kraft,

Die Pflanzen all lass ich gedeihn als Soma, der im Saft besteht.

Zum Feuer werdend dring' ich ein in die belebten Wesen Leib,

Mit Hauch und Aushauch fest vereint koch' ich vierfache Speise dort[1].

In eines jeden Herz bin ich gedrungen,

Erinnrung, Wissen und Bestreiten wirk' ich,

Durch alle Veden bin ich zu erkennen,

Bin Vedenkenner, schaffe den Vedânta[2].

Zwei Arten Geist gibt's in der Welt, – einer vergeht, der andre nicht;

Der erste sind die Wesen all, den andern nennt man »Gipfelhoch«.

Der höchste Geist ein andrer ist, er wird das höchste Selbst genannt,

Er dringet in die Dreiwelt ein und trägt sie als der ewige Herr.

Weit mehr als der vergängliche, mehr als der unvergängliche

Bin ich – drum heiss' ich in der Welt und in der Schrift der höchste
    Geist.

Wer von Betörung frei mich so erkennet als den höchsten Geist,

Der weiss alles und ehret mich von ganzem Herzen, Bhârata!

Geheimnisvollste Wissenschaft ist so von mir verkündet dir;

Wer sie erfasst, ist weisheitsvoll und hat, fürwahr, das Ziel erreicht.

Fußnoten

1 D. h.: verdaue ich die vierfache Speise, nämlich Getrunkenes, Gelecktes, Gekautes und Verschlungenes; vgl. Deussen, Der Gesang des Heiligen, S. 103

2 »Das Ende des Veda« – Bezeichnung der Upanishaden, wie auch der auf diesen fußenden systematischen Philosophie des Idealismus.

SECHZEHNTER GESANG

Der Erhabene sprach

Furchtlosigkeit, Wesensreinheit, in Wissensandacht Festigkeit,

Spenden, Selbstbezähmung, Opfer, Studium, Buße und Redlichkeit;

Nichtschädigen, Wahrheit, Nichtzürnen, Nichtverleumden, Friede, Verzicht,

Milde, Mitleid mit dem Wesen, Scham, Nichtbegier, Nicht-Unstätsein;

Kraft, Reinheit, Festigkeit, Geduld, Nichtkränken, nicht hochmütiger
Sinn,

Die finden sich bei einem, der zum Götterlos geboren ist.

Heuchelei und Stolz und Hochmut, ein raues Wesen, Zornigkeit,

Nichtwissen auch – bei dem, der zu Dämonenlos geboren ist.

Götterlos führt zur Erlösung, Dämonenlos zur Fesselung!

Nicht traure, denn zum Götterlos bist du geboren, Pându-Sohn!

Zwiefach ist hier der Wesen Art: teils göttlich, teils dämonisch auch;

Die göttliche ist schon erklärt, nun hör' von der dämonischen.

Weder Handeln noch Nichthandeln verstehn dämonische Menschen
recht;

Guter Wandel, Reinheit, Wahrheit – die finden sich bei ihnen nicht.

Die Welt ist unwahr, ohne Halt und ohne Herrn, – so sagen sie;

Nicht folgerecht entstand die Welt, Begierde nur rief sie hervor.

In diese Ansicht ganz verbohrt, törichten Sinnes und verderbt,

Richten durch Freveltaten sie die Welt zugrund, – unseliges Volk!

Von unstillbarer Gier erfüllt, voll Trug und Stolz und Übermut,

Töricht, böse Dinge wählend, führen ein schmutziges Leben sie.

Ihr Denken schweift ganz unbeschränkt, meint: mit dem Tod ist alles
aus[1]!

Genießen ist ihr höchstes Gut! »Es gibt nichts weiter«, denken sie.

In hundert Hoffnungen verstrickt, der Gier verfallen und dem Zorn,

Häufen sie, ihrer Lust zulieb, sich unrechtmäßig Schätze auf.

Nun hab' ich dieses schon erlangt und jenen Wunsch erreich' ich noch,

Dies hab' ich schon, und jener Schatz, der wird in Zukunft mir zuteil;

Dieser Feind ist schon getötet, die andern werd' ich töten noch,

Ich bin Herr, ich bin Genießer, bin erfolgreich, glücklich und stark!
Ich bin reich, ich bin von Adel! welcher andre ist mir wohl gleich?
Opfern, schenken, froh sein will ich! so denken sie, verblendet ganz.
Wirr durch allerhand Gedanken, gefangen in des Irrtums Netz,
Ergeben völlig dem Genuss, in schmutzige Hölle stürzen sie.
Selbst sich ehrend, aufgeblasen, voll Stolz, voll Hochmut auf ihr Geld,
Bringen sie heuchelnd Opfer dar, die dieses Namens gar nicht wert.
Ichsucht, Gewalt, Begierde, Stolz und Zorn – dem sind ergeben sie;
Mich hassen sie im eignen Leib wie auch in andern, grimmerfüllt.
Diese Hasser, die greulichen, die schlechtsten Menschen in der Welt,
Die argen, schleudr' ich fort und fort in dämonischen Mutterschoß.
Durch dämonischen Mutterschoß betört in jeglicher Geburt,
Erreichen sie mich nimmermehr und wandeln so die tiefste Bahn.
Dreifältig ist das Höllentor, wodurch die Seele geht zugrund[2]:
Begierde, Zorn und Habsucht sind's – darum lass fahren diese drei!
Befreit von diesen, Kuntî-Sohn, den drei Pforten der Finsternis,
Wirket der Mensch sein Seelenheil und wandelt so die höchste Bahn.
Doch wer nach seiner Willkür lebt, nicht achtend heiliges Gesetz,
Nicht erreicht die Vollendung der, nicht Glück und nicht die höchste
    Bahn.
Drum sei dir Richtschnur das Gesetz bei der Feststellung deines Tuns.
Weisst du, was das Gesetz bestimmt, dann kannst du deine Taten tun.

Fußnoten

1 Deussen: Auf maßloses, zum Verderben ausschlagendes Denken
  sich stützend; Garbe: Endlosem Trachten bis zum Tode hingegeben.

2 Oder: wodurch das Selbst vernichtet wird. Seele und Selbst sind ein
  und dasselbe – âtman, wie auch die Weltseele das ewige, göttliche Selbst, der
  Atman-Brahman, ist – schon in den Upanishaden.

SIEBZEHNTER GESANG

Arjuna sprach

Doch die nicht achten das Gesetz, doch gläubig Opfer bringen dar,
Auf welchem Boden stehen die? – Güte, Leidenschaft, Finsternis?

Der Erhabene sprach

Dreifach der Menschen Glaube ist, – aus ihrem Wesen wächst er auf,
Drum kann er gut, voll Leidenschaft, oder auch ganz verfinstert sein.
Wie eines jeden Wesen ist, so ist sein Glaube, Bhârata!
Aus Glauben ist der Mensch gemacht – wie er glaubet, so ist er selbst.
Die Götter ehrt der Guten Schar, die Elben Leidenschaftliche,
Gespenster und der Geister Heer ehret das Volk der Finsternis.
Die grausige Büßung üben aus, wie das Gesetz sie nicht befiehlt,
Voll Trug und Ichsucht, voll Begier, voll Leidenschaft und voller Trotz;
Ganz sinnlos peinigend die Schar der Elemente in dem Leib,
Und mich auch, der im Leibe weilt, – die sind dämonengleich gesinnt.
Dreifach ist auch der Speise Art, wie einem jeden sie gefällt,
Dreifach Opfer, Buße, Spenden – vernimm nun deren Unterschied.
Was Leben, Sein, Gesundheit, Kraft, Glück und Freude vermehren
    kann,
Schmackhafte, milde, feste Speise, lieblich, ist den Guten lieb.
Scharf, sauer, salzig, allzu heiss, streng, unmilde, brennender Art, –
Das liebt der Leidenschaftliche, das schafft ihm Krankheit, Weh und
    Schmerz.
Was abgestanden, unschmackhaft, stinkend und schon verdorben ist,
Überbleibsel und Unreines, das liebt das Volk der Finsternis.
Wo man nach Vorschrift Opfer bringt, nach dem Erfolge nicht begehrt,
Nur denkend: Also ist es Pflicht! – solch Opfer ist der Guten Art.
Doch wo man nach Erfolg begehrt und Heuchelei beim Opfer übt,
Ein solches Opfer ist die Art der Leidenschaftbefangenen.
Ohne Regel, ohne Speisung, ohne Lieder und Opferlohn,
Ohne Glauben – solch ein Opfer nennt man die Art der Finsternis.
Götter, Priester, Lehrer, Weise ehren, Reinheit und Redlichkeit,
Keusches Wesen, Nichtverletzen – dies die Buße des Körpers ist.

Rede, welche nicht erreget, die wahr ist und voll Freundlichkeit,
Übung in dem Veda-Studium – das heisst die Buße mit dem Wort.
Herzensheiterkeit und Milde, Schweigen, Bezähmung seiner selbst,
Reinheit des Wesens – dieses ist des Herzens Buße, wie man sagt.
Solche Buße dreifacher Art, wenn sie im Glauben wird geübt,
Andächtig, ohne Fruchtbegier – die ist der guten Menschen Art.
Doch wenn's geschieht um Ehr' und Ruhm, oder sogar aus Heuchelei,
Das ist schwankend und ohne Halt – das ist die Art der Leidenschaft.
Doch wird mit Peinigung seiner selbst die Buße töricht ausgeübt,
Oder andern zum Verderben – das ist die Art der Finsternis.
Wenn man spendet nur, weil es Pflicht, und an Vergeltung gar nicht
    denkt,
Am rechten Ort, zur rechten Zeit – die Spende ist der Guten Art.
Doch tut man es um Gegendienst, oder im Hinblick auf Erfolg,
Oder ungern – das ist die Art der Leidenschaftbefangenen.
Wenn man unwürdigen Menschen gibt, unpassend auch nach Ort und
    Zeit,
Unfreundlich, mit Geringschätzung – das ist die Art der Finsternis.
Dreifach ist des Brahman Name: das Om! – das Das! – das Seiende! –
Priester, Veden und Opfer sind von Diesem vormals festgesetzt.
Die Theologen rufen drum zu Anfang immer erst ihr »Om«,
Bei Opfer, Spenden, Büßungen, wenn nach der Regel sie geschehn.
Die nach Erlösung Strebenden, die auf Erfolg nicht gehen aus,
Rufen »das Das!« zu Anbeginn der Opfer, Buß' und Schenkungen.
Von dem Sein und von der Güte braucht man das Wort »das Seiende«[1],
Auch bei rühmenswerten Taten wird dieser Ausdruck angewandt.
In Opfer, Buß' und Spenden auch Beständigkeit heisst »Seiendes«,
Und was man tut zu solchem Zweck, erhält denselben Namen auch.
Was ohne Glauben ausgeführt, sei's Opfer, Spende, Buße, Tat,
Das wird »Nichtseiendes«[2] genannt, – ist nach dem Tode nichts, noch
    hier.

Fußnoten

1 sat »seiend«, zugleich auch »gut« bedeutend; vgl. oben Gesang 14. V. 5 Anm.

2 asat »nicht seiend«, auch »nicht gut«

ACHTZEHNTER GESANG

Arjuna sprach

Der Entsagung Wesen wünsch' ich zu kennen, o Großarmiger,
Und des Verzichtes Wesen auch; erkläre sie gesondert mir!

Der Erhabene sprach

Entsagt man wunscherzeugter Tat, so wird Entsagung das genannt;
Verzicht auf aller Taten Frucht, das nennt Verzicht der Weisen Schar.
Gib auf das Tun, als eine Schuld! so sagen einige Denker uns;
Das Opfern, Spenden, Bußetun gib nicht auf! sagen andere.
Höre meine Entscheidung hier von dem Verzicht, du Trefflichster!
Der Verzicht, o du Manntiger, wird als dreifältiger gerühmt.
Das Opfern, Spenden, Bußetun gib nimmer auf, nein, führ es aus!
Denn das Opfer, Spend' und Buße, sie läutern den Verständigen.
Doch muss man diese Taten tun, nachdem man auf das Hängen dran
Und auf Erfolg verzichtet hat, – den höchsten Standpunkt nenn' ich
    das.
Entsagung der notwendigen Tat, die wäre übel angebracht;
Unterlassung bloß aus Torheit zählt man zur Art der Finsternis.
Wenn man aus Furcht vor Leibesmüh die Tat aufgibt, weil sie
    beschwert,
Das ist die Art der Leidenschaft – solch ein Verzicht bringt keine
    Frucht.
Doch tut man die notwendige Tat, nur denkend: »So ist's meine
    Pflicht!«
Aufgebend Neigung und Erfolg – solch ein Verzicht ist Guter Art.
Nicht hasst ein unerfreulich Werk, noch hängt an dem erfreulichen
Der Verständge, der verzichtet, erfüllt von Güte, zweifelfrei.
Nicht möglich ist's, im irdischen Leib, aufzugeben jedwede Tat,
Doch wer die Frucht der Tat aufgibt, der heisset ein Verzichtender.
Erwünscht, gemischt und unerwünscht – dreifältige Frucht der Tat
    erlangt
Der Nichtentsagende, im Tod – doch niemals der Entsagende.

Vernimm nun, du Großarmiger, die fünf Prinzipien noch von mir,
Die die Sânkhya-Lehre[1] kündet, zur Vollendung jedweden Tuns:
Ein Standort und ein Handelnder[2] und Organe verschiedner Art,
Mancherlei besondres Streben, das Schicksal als das fünfte noch.
Welches Werk mit Körper, Rede und Gedanken der Mensch beginnt,
Sei es nun richtig, sei's verkehrt, die fünf Prinzipien sind dabei.
Wer darum also sich allein für den Täter der Taten hält,
Infolge seiner Unbildung, der sieht nicht recht und ist ein Tor.
Wer kein selbstsüchtiges Wesen hat, wessen Geist nicht beflecket wird,
Ob alle Welt er tötet auch, tötet doch nicht, wird nicht verstrickt[3].
Wissen, Wissenswürdiges, Wisser – dreifach der Antrieb ist zur Tat;
Werkzeug, Handelnder und Handlung, – dreifach der Inbegriff der Tat.
Wissen, Tat sowie auch Täter sind dreifach nach der Qualität;
Die Qualitätenlehre zeigt's; nun höre, wie sich das verhält:
Wodurch in allen Wesen man das eine, ewige Sein erblickt,
Ungeteilt in den geteilten – solch Wissen ist von guter Art.
Doch wenn in allen Wesen man verschiedne Wesenheiten sieht,
Ganz für sich und streng gesondert – so sieht die Leidenschaft es an.
Doch hängt das Denken ohne Grund an einem Ding, als wär's das All,
Der Wahrheit nicht gemäß, beschränkt – das ist die Art der Finsternis.
Die pflichtgemäße Tat, die frei von Weltlust, Leidenschaft und Hass
Getan ist ohne Rücksicht auf Erfolg – die ist von guter Art.
Doch wenn, getrieben von Begier, von Ichbewusstsein ganz erfüllt,
Hart sich mühend die Tat man tut – das ist die Art der Leidenschaft.
Wenn, ohne Rücksicht auf die Kraft, auf Folgen, Schädigung, Verlust,
Blindlings die Tat begonnen wird – das ist die Art der Finsternis.
Frei von Weltlust, nicht sich prahlend, voll Festigkeit und Energie,
Gleich bei Erfolg und Misserfolg – solch einen Täter nennt man gut.
Wer Erfolg begehrt, habsüchtig, andre verletzend, unrein ist,
Bald froh, bald traurig – der gehört dem Reich der Leidenschaften an.
Wer fahrlässig, gemein und frech, heimtückisch, hinterlistig, faul,
Feig, saumselig – solch ein Täter gehört zum Reich der Finsternis.
Auch den dreifachen Unterschied des Verstands und der Festigkeit
Vernimm, je nach der Qualität, ganz klar gelegt, jedes für sich.
Der, was zu tun, zu lassen ist, Gefahr sowie auch Sicherheit,

Verstrickung wie Befreiung recht erkennet, der Verstand ist gut.
Der das Recht sowie das Unrecht, was zu tun und zu lassen ist,
Nicht recht erkennt, solcher Verstand gehört zum Reich der
    Leidenschaft.
Wenn er das Unrecht hält für Recht, die Dinge ganz verkehrt ansieht,
Ganz umnachtet, solcher Verstand gehört zum Reich der Finsternis.
Die Festigkeit, mit welcher man Herz und Sinne und Lebenskraft
In Andacht unverrückt festhält, das nenn' ich gute Festigkeit.
Die Festigkeit, mit welcher man, was recht, nützlich und angenehm,
Liebend, fruchtbegehrend, festhält, gehört zum Reich der Leidenschaft.
Die Festigkeit, mit der ein Tor Schlaf, Furcht, Trauer, Kleinmütigkeit
Und Übermut nicht fahren lässt, gehört zum Reich der Finsternis.
Nun höre vom dreifachen Glück durch mich, du bester Bhârata!
Wo man ruht nach ernster Arbeit und an der Mühsal End' gelangt,
Glück, das am Anfang Gift erscheint, am End' dem Nektar ähnlich ist,
Ein solches Glück ist wahrhaft gut, durch Geistesheiterkeit erzeugt.
Ein Glück, das anfangs nektargleich, am Ende doch als Gift sich zeigt,
Die Sinne fesselnd an die Welt, gehört zum Reich der Leidenschaft.
Glück, das gleich und in der Folge die Seele mit Verblendung schlägt,
In Schlaf, Faulheit, Nachlässigkeit – solch Glück gehört zur Finsternis.
Nicht auf Erden, noch im Himmel, unter den Göttern etwa gibt's
Ein Sein, das von der Qualität, der natürlichen, völlig frei.
Was Priester, Adlige und Volk, auch was die Çûdras[4] tun, mein Freund,
Die Taten alle sind verteilt nach Qualitäten ihrer Art.
Ruhe, Selbstbeherrschung, Buße, Reinheit, Geduld und Redlichkeit,
Rechtes Wissen und Gläubigkeit ist Priesters Pflicht, nach seiner Art.
Heldenmut, Kraft und Festigkeit, Geschick im Kampf, Furchtlosigkeit,
Spenden und rechtes Herrentum ist Adels Pflicht, nach seiner Art.
Viehzucht, Ackerbau und Handel ist Volkes Pflicht, nach seiner Art,
Im Dienen bloß besteht die Pflicht für den Çûdra, nach seiner Art.
Wer Freude hat an seiner Pflicht, der Mann erlangt Vollkommenheit;
Wie man, seines Tuns sich freuend, Vollendung findet, höre das!
DEN, von dem die Wesen stammen, von dem das All geschaffen ist,
DEN durch seine Taten ehrend, erlangt Vollendung hier der Mensch.
Wie sie auch sei, die eigne Pflicht ist besser stets als fremde Pflicht;

Bleibt man treu dem eignen Wesen, dann bleibt man frei von aller
    Schuld.

Tat, die mit dir geboren ist[5], wenn sie auch sündig, gib nicht auf!

Von Sünde ist doch alles Tun wie das Feuer vom Rauch umhüllt[6].

Wer mit dem Geist an nichts mehr hängt, sich selbst besiegt und nichts
    begehrt,

Zur Vollendung der Tatfreiheit[7] kommt er durch der Entsagung Kraft.

Wie er nach der Vollendung auch das Brahman noch erreicht, hör an!

In Kürze will ich's künden dir, es ist des Wissens höchster Stand.

Mit gereinigtem Geist versehn, sich bezähmend mit Festigkeit,

Verzichtend auf die Sinnenwelt, Neigung und Hass abwerfend ganz;

Einsam lebend, wenig essend, bezähmend Worte, Leib und Geist,

Ganz Andacht und Kontemplation, der Entsagung ergeben ganz;

Selbstbewusstsein, Gewaltsamkeit, Stolz, Zorn, Begierde und Besitz

Aufgebend, selbstlos, friedevoll – so wird er reif zum Brahman-Sein.

Brahman-geworden, heitern Geists, trauert er nicht und wünschet
    nicht,

Gegen alle Geschöpfe gleich, fasst höchste Liebe er zu mir.

Durch die Liebe erkennt er mich in Wahrheit, wer und wie ich bin;

Hat er in Wahrheit mich erkannt, kommt er zu mir ohn' Aufenthalt.

Auch wenn er alle Taten stets ausführt, – auf mich vertrauend ganz,

Erlangt durch meine Gnade er eine ewige feste Statt.

Im Geiste alles Tun auf mich hinwerfend, mir ergeben ganz,

Auf des Geistes Andacht bauend, denke beständig nur an mich.

Mein denkend, die Gefahren all durch meine Gnade du besiegst;

Doch wenn du, allzu selbstbewusst, mein Wort nicht hörst, gehst du
    zugrund.

Wenn du in deinem Eigensinn etwa »ich will nicht kämpfen!« denkst,

Vergeblich ist dann dein Entschluss – es wird dich treiben die Natur.

Gefesselt durch die eigne Pflicht, wie sie aus deiner Art entspringt,

Wirst, was du töricht nicht gewollt, du wider Willen dennoch tun.

Im Herzen aller Wesen drin wohnet der Herr, o Arjuna!

Er bewegt wie im Puppenspiel die Wesen alle wunderbar.

Bei ihm such' deine Zuflucht du mit ganzer Seele, Bhârata!

Durch seine Gnad' erlangst du dann höchsten Frieden und ewigen
    Stand.
Ein Wissen hab ich dir vertraut, das noch geheimer als geheim;
Nachdem du's ganz erwogen hast, verfahre weiter, wie du willst.
Doch das Allergeheimste noch vernimm von mir, das höchste Wort,
Du bist mir teuer, überaus, darum verkünd' ich dir das Heil.
Mein gedenkend, mich verehrend, mir opfernd, beuge dich vor mir!
Zu mir dann kommst du! Wahrheit ist's, was ich versprech' – du bist
    mir lieb.
Alle Satzungen aufgebend, such' mich allein als Zufluchtsort!
Von allen Sünden werd' ich dann dich erlösen – sei unbesorgt!
Doch künde niemals dieses Wort dem, welcher keine Buße tut,
Der mich nicht ehrt, auf mich nicht hört, wider mich murret fort und
    fort.
Wer dies geheimnisvolle Wort meinen Verehrern weitergibt,
Höchste Verehrung zollend mir, der kommt zu mir ganz zweifellos.
Ja, keiner von den Menschen all tut Liebres mir, als solch ein Mann!
Kein andrer wird auf Erden mir drum lieber sein als eben der.
Und wer dies heilige Gespräch zwischen uns beiden sich einprägt,
Mit des Wissens Opfer ehret mich ein solcher – so denke ich!
Der Mann auch, welcher glaubensvoll dies hört und nicht dawider
    murrt,
Auch der wird als Erlöster wohl die reine Welt der Frommen schaun.
Hast du's gehört, o Prithâ-Sohn, mit ganz davon ergriffnem Sinn?
Und ist dir der Unwissenheit Betörung nun dadurch zerstört?

Arjuna sprach

Die Torheit ist durch dich zerstört, Erinnrung ist mir aufgewacht,
Ich stehe fest, der Zweifel schwand, – ich werde tun nach deinem Wort.

Sanjaya sprach

So hab' ich dies Gespräch gehört, das wunderbar' entzückende,
Zwischen Krishna Vâsudeva und dem hochherzigen Prithâ-Sohn.
Durch Vyâsas Gnade hörte ich dieses geheime, höchste Wort,

Von Krishna, der leibhaftig dort von Andacht sprach, der Andachts-
herr.
Immer wieder mich erinnernd an dies Gespräch, so wunderbar,
Das heilige, das ich dort gehört, freu' ich mich immer, fort und fort.
Immer wieder mich erinnernd der wunderbaren Gottgestalt,
Erfasst gewaltiges Staunen mich, und ich freue mich fort und fort.
Wo Krishna weilt, der Andachtsherr, und der Schütze, der Prithâ-Sohn,
Da ist Glück, Sieg und Gedeihen, so glaub' ich, unerschütterlich!

Fußnoten

1 Die auf Reflexion gestützte Lehre, von der schon öfters die Rede war. Ich
habe an dieser Stelle die indische Bezeichnung Sânkhya-Lehre beibehalten, weil
hier wie im Vorausgehenden die dem späteren Sânkhya-System so überaus
charakteristische Lehre von den drei Qualitäten bereits so stark ausgeprägt
hervortritt.

2 Unter dem Standort ist der Körper verstanden, unter dem Handelnden die
empirische individuelle Seele.

3 So hart dies auch klingt, geht es doch nicht nur auf den Fall des Arjuna,
sondern stimmt im Grunde auch mit unseren Anschauungen überein: Der
Soldat, der in der Schlacht seine Pflicht tut, wird auch von uns nicht als ein
Mörder betrachtet.

4 Es sind dies die vier alten Kasten der Inder. Unter »Volk« wird die Gesamt-
heit der arischen Inder verstanden, sofern sie nicht Priester (Brahmanen) oder
Adlige (Ritter, Krieger) sind. Die Çûdras sind nichtarische Inder, welche sich
aber dem System der brahmanischen Lebensordnung gefügt haben und nun
als unterste, dienende Kaste gezählt werden.

5 D. h. die Taten, zu welchen ein jeder durch seine Geburt in dieser oder jener
Kaste verbunden und verpflichtet ist, seinem Wesen entsprechend.

6 Ich erinnere hier an das tiefsinnige Wort Goethes: Der Handelnde hat
immer unrecht, nur der Betrachtende hat recht.

7 D. h. zur höchsten Vollendung, welche in der völligen Befreiung von den
Taten, resp. den Fesseln der Taten, besteht.

GELEITWORT DES INDOLOGEN UND ÜBERSETZERS DER BHAGAVADGITA, LEOPOLD VON SCHROEDER

DIE BHAGAVADGÎTÂ ist ein philosophisches Gedicht – und nicht mit Unrecht nennt Wilhelm von Humboldt sie »das schönste, ja vielleicht das einzig wahrhafte philosophische Gedicht, das alle uns bekannten Literaturen aufzuweisen haben.« In der Tat ist es wohl das einzige in der Weltliteratur, welches ganz diesem Begriff entspricht, d. h. wirklich philosophisch und doch zugleich ein echtes, von höchstem poetischen Schwunge getragenes Gedicht ist, was sich nicht einmal von dem berühmten gedankenreichen, aber doch mehr trockenen, philosophischen Gedichte des Lucrez ›De natura rerum‹ völlig behaupten lässt.

Dass ein solches Gedicht gerade bei den Indern entstehen konnte, ja entstehen musste, das begreift sich leicht, wenn man weiss, in welchem Grade dies hochbegabte Volk vor anderen Völkern schon früh, schon im vedischen Altertum von großen philosophischen Gedanken erfasst und durchdrungen wird, mit welcher Energie es um die Klärung und Ausgestaltung seiner Weltanschauung fort und fort ringt, in welcher Ausdehnung hier philosophische Gedanken durch Jahrhunderte und Jahrtausende sich mit den religiösen Vorstellungen verbinden und verschmelzen, aus ihnen erwachsen und sie wiederum bestimmen, ja auch Leben und Handeln bestimmen und beherrschen.

Es begreift sich, wenn man zugleich die Kraft der Poesie, die echt arische Fähigkeit hochfliegender Begeisterung kennt, die in diesem merkwürdigen Volke seit alters wirkt und lebt, bald schlummernd, träumend, bald in hellem Jubel erwachend, mit elementarer Macht aufflammend. Schon aus dem Rigveda tönen uns so erhabene, ergreifende Klänge philosophischer Poesie entgegen, wie sie jenes berühmte Lied vom Weltenursprung enthält, das mit den Worten anhebt: »Damals war weder Sein noch Nichtsein« usw. Und dann gleich in den ältesten Upanishads, vielleicht 7–800 Jahre vor Christo, welche Größe und Kraft, welche Kühnheit und Klarheit der philosophischen Gedanken und Bilder, mit welchem poetischem Schwung, mit welcher feurigen und stolzen Begeisterung verkündet!

Wie tief lassen uns die schon oft geschilderten philosophisch-theosophischen Wettkämpfe jener Zeit hineinblicken in das leidenschaftliche Suchen und Ringen nach Erkenntnis der Wahrheit, in die Kraft der Begeisterung, mit der die gefundene Weisheit verkündet wird. Und diese Bewegung der Geister setzt sich fort in der weiteren Upanishaden-Literatur, sie zieht sich durch das große Epos Mahâbhârata, sie gewinnt im Buddhismus und Jainismus neue Formen, sie kristallisiert sich in den verschiedenen philosophischen Systemen und Kommentaren, sie lebt auch in den Gesetzbüchern, sie schimmert und leuchtet in den Purânen und unzähligen anderen Werken. Und sie treibt die Menschen dazu, der Welt zu entsagen, um nur den großen, ewigen Gedanken zu leben.

Sie erfasst in der Folge auch die Eroberer, die Herrscher des Landes aus nichtindischem Stamme, zwingt den edlen Prinzen Mohammed Daraschakoh, Krone und Reich der Großmoguln in die Schanze zu schlagen, um für die Wahrheit siegend unterzugehen. Sie erfasst auch die höher gearteten europäischen Besucher des wunderbaren Landes mit unwiderstehlicher Gewalt. Sie setzt sich fort bis in die Gegenwart, bis zu jenem nackten Heiligen mit dem Gesichte eines alten deutschen Professors, Lehrers oder Pastors, der vor kurzem noch in einem Garten von Benares vor einer Kapelle saß, die sein eigenes Bildnis in Marmor enthielt, und der zu den Bemerkungen lebenslustiger Spötter wohl milde lächeln und ihnen kopfschüttelnd zuflüstern konnte: »Alles, was uns umgibt, ist nicht Wirklichkeit, sondern nur ein Traum!«.

Ja, in diesem Lande konnte und musste philosophische Dichtung entstehen, wie sie in schönster, reichster Blüte die Bhagavadgîtâ uns vorführt.

Seit Jahrhunderten, ja seit Jahrtausenden schon ist die Bhagavadgîtâ in Indien selbst berühmt und hoch gefeiert. Eben darum gehörte sie wohl auch schon zu den ersten Werken der altindischen Literatur, die in Europa bekannt wurden. Schon im Jahre 1785 wurde die geistvolle Dichtung durch den Engländer Wilkins übersetzt und trug nicht wenig dazu bei, die Aufmerksamkeit der Europäer auf die alte Sanskrit-Literatur zu richten.

Der Führer der Romantiker, die sich Indien so wahlverwandt fühlten und fühlen mussten – denn Indien ist das Land der Romantik – August

Wilhelm von Schlegel, der erste Professor des Sanskrit in Deutschland, gab den Originaltext des Gedichtes im Jahre 1823 heraus und versah denselben mit einer musterhaften lateinischen Übersetzung. Und ein Mann wie Wilhelm von Humboldt war so mächtig davon ergriffen, dass er an seinen Freund Gentz, den bekannten Diplomaten, schrieb: Er danke Gott, dass er ihn so lange habe leben lassen, um dieses Gedicht noch lesen zu können! – Das Wort ist schon oft angeführt worden, doch hier ist es am Platze und durfte nicht fehlen. Humboldt widmete diesem Gedichte dann noch eine eingehende geistvolle Abhandlung, die zum besten gehört, was über den Inhalt der Bhagavadgîtâ geschrieben ist.

Wenn man die Bhagavadgîtâ ein philosophisches Gedicht nennt, so ist das eigentlich nicht genug – die Bezeichnung ist nicht erschöpfend. Philosophie, Dichtung und Religion, einschließlich die Moral, sind hier tatsächlich eins. Es wäre zu wenig, wenn man sagen wollte, sie sind untrennbar eng verbunden, unauflöslich mit einander verschmolzen – denn es handelt sich hier nicht um eine Verbindung oder Verschmelzung! Nein, sie sind eins, sind ein Ganzes, als solches organisch gewachsen, und eben darum untrennbar. Der Forscher mag die Elemente sondern, wie er auch die Pflanze oder den Tierkörper zerlegt, in Wahrheit aber liegt eine organische Bindung vor, die ganz einheitlich aus dem indischen Geiste entsprossen ist – eine religiös-philosophische Dichtung mit starkem ethischen Einschlag – ein für Indien höchst charakteristisches Produkt, denn gerade die Einheit von Philosophie, Religion und Moral, getragen von hohem dichterischen Schwunge, tritt uns in diesem Lande so eindrucksvoll entgegen, womit nicht gesagt sein soll, dass die Inder nicht auch streng systematische, nüchtern analytische philosophische Betrachtung gekannt haben. In der Bhagavadgîtâ aber handelt es sich in der Tat »um eine Philosophie, die nicht als Lehrgebäude bewundert wird, sondern den ganzen Menschen durchdringt und erneuert, also Religion sein will, die verlangt, dass man sie lebt«.

Mit Recht hebt Chamberlain gerade diese organische Einheit von Philosophie und Religion als das auszeichnende Merkmal des indischen Geistes hervor. »In einer Beziehung – sagt er – steht das geistige Leben der Indo-Arier unerreichbar hoch über dem unsrigen: Insofern nämlich dort die Philosophie Religion war und Religion Philosophie«. »Kein Mann stand in Indien geistig so tief, dass er nicht etwas Philosophie besessen hätte, kein kühnster Flügelschlag des Denkens erhob den außerordentlich Begabten so hoch, dass er nicht noch inbrünstig religiös geblieben wäre«.

Äußerlich betrachtet erscheint die Bhagavadgîtâ als eine Episode des großen Epos Mahâbhârata, dem sechsten Buche desselben angehörend, eine Episode, die in der orginellsten, ja in wahrhaft indischer Weise der Erzählung eingefügt ist:

Krishna, eine Inkarnation des Gottes Vishnu, geleitet den Pânduiden Arjuna als dessen Wagenlenker in den großen Kampf der Kuru und Pându-Söhne. Als Arjuna seine Verwandten, Freunde und Lehrer vor sich in den Reihen der Feinde erblickt, zögert er vorzugehen, wird unschlüssig und kleinmütig. Wie soll er mordend vorgehen gegen diese ihm nahestehenden Menschen? – Da ermahnt ihn Krishna, solche Bedenken fahren zu lassen und seine Pflicht als Kämpfer zu tun. Es entspinnt sich ein Gespräch und Krishna entwickelt nun angesichts beider Heere in achtzehn Gesängen dem Arjuna seine ganze Welt- und Lebensanschauung, aus welcher die Pflicht, handelnd vorzugehen, als praktische Konsequenz resultiert.

Entsprechend diesem unmittelbar praktischen Anlass der ganzen Erörterung ist es vor allem die praktische Moral, die in leuchtenden Zügen hier hervortritt, als das große Ergebnis alles dessen, was Krishna vorträgt, der strahlende Gipfel seiner gesamten Darlegung, wohl geeignet, als Leitstern des Lebens zu dienen. Auf dem Grunde metaphysischer Spekulation baut sich hier eine erhabene Sittenlehre auf, wie wir sie in den eigentlichen Systemen der Philosophie schmerzlich vermissen, eine Sittenlehre, die in ihrer Strenge und Reinheit wahrhaft imponierend wirkt und es wohl verdient, dem kategorischen Imperativ Immanuel Kants an die Seite gestellt zu werden.

Tu deine Pflicht!
Nach dem Erfolg des Handelns frage nicht!

Das ist das Leitmotiv dieser Lehre. Den ewigen heiligen Geboten der Moral folgend sollen wir unentwegt tapfer handelnd unsere Pflicht erfüllen, unbekümmert darum, wie schwer es uns ankommt; nie danach fragend, welcher Erfolg uns dabei erblühen möchte. Dann winkt uns zuletzt als schönster Lohn »die höchste Bahn«, d. h. der Eingang zu der ewigen heiligen Gottheit, die die Grundlage der gesamten Weltordnung bildet und auch uns allen unsere Pflichten gesetzt hat.

Entsprechend dem System der Sânkhya-Philosophie, wie auch der vereinigten Sânkhya-Yoga-Lehre, wird hier – zum mindesten in gewissen Partien des Textes – ein ursprünglicher Dualismus von Natur und Geist gelehrt (prakriti und purusha). Beide sind anfangslos und ewig (vgl. Bhag. XIII, 19); der Körper, dem Bereiche der Natur angehörig, ist zusammengesetzt und vergänglich, an seiner Erhaltung nichts gelegen. Die Seele einfach und unvergänglich, mit verschiedenen Körpern sich umkleidend, bis sie die Vereinigung mit dem höchsten Wesen erlangt. Diese Vereinigung soll aber nicht in untätiger Beschaulichkeit gesucht werden, obwohl auch die zeitweilige Meditation ihre volle Berechtigung hat. Wir sollen vielmehr handelnd unsere Pflicht erfüllen, aber mit absolutem Gleichmut, ohne Rücksicht auf die Folgen, ohne Begier nach den Früchten unseres Tuns, nur dem reinen Pflichtgebot gehorchend.

Ich habe soeben die dualistische Sânkhya-Lehre als philosophische Grundlage der Bhagavadgîtâ erwähnt. Indessen kann keine Rede davon sein, dass wir die Lehren dieser Philosophie in dem Gedichte rein und konsequent vorgetragen finden. Es gibt vielmehr nicht wenige Stellen, welche zu diesem System durchaus nicht stimmen wollen, sondern ihm geradezu widersprechen. Diese Widersprüche konnte schon Wilhelm v. Humboldt zu seiner Zeit nicht übersehen. Er suchte dieselben, recht einleuchtend, folgendermaßen zu erklären: »Es ist ein Weiser – sagt er – der aus der Fülle und Begeisterung seines Gefühls spricht, nicht ein durch eine Schule geübter Philosoph, der seinen Stoff nach einer bestimmten Methode verteilt und an dem Faden einer kunstvollen Ideenverkettung zu den letzten Sätzen seiner Lehre gelangt«.

Mit diesen Worten Wilhelm v. Humboldts, die zweifellos ihre volle Berechtigung haben, suchte man sich lange über die vielen anscheinenden Widersprüche und Divergenzen des tiefsinnigen Gedichtes hinüberzuhelfen. Es ist ein Gedicht und soll ein Gedicht sein, darum darf man eine streng systematische Gedankenentwicklung hier auch nicht erwarten. Es ist ein Weiser, ein hochgestimmter Dichter, der hier redet, kein Philosoph von Fach – wie man heute sagen würde –, ein tief religiös und ethisch gerichteter, mit allerlei Philosophie und Theosophie seines Landes vertrauter und dafür begeisterter Dichter, der aus dem Überschwang seiner Empfindung heraus in wechselnden Stimmungen redet. Das ließ in der Tat so manche Inkonsequenzen erklärlich und entschuldbar erscheinen.

Dennoch war es nicht leicht, sich mit diesen Dingen abzufinden, wenn man sich in das Studium der Bhagavadgîtâ mit einigem Ernst vertiefte. Der Dichter bekannte sich anscheinend deutlich zur Sânkhya-Yoga-Lehre. Er nannte sie öfters mit ihrem Namen, pries ihre Weisheit mit hochklingenden Worten und sagte direkt, dass er sie verkünde. Er gab das dualistische Grundprinzip dieser Lehre klar an, bediente sich einer ihr so charakteristischen Theorie wie der Lehre von den drei Gunas, den drei Qualitäten, nach denen die ganze Welt geordnet und eingeteilt ist (*sattva* Güte oder Wesenheit, *rajas* Leidenschaft, *tamas* Finsternis) u. a. m. Aber es fehlte auch nicht an zahlreichen Versen, die ganz deutlich Vedântagedanken aussprachen; Gedanken, die ganz wohl in einer Upanishad stehen konnten und die es durchaus begreiflich erscheinen ließen, dass die Bhagavadgîtâ selbst geradezu als eine Upanishad bezeichnet wurde, resp. die einzelnen Kapitel derselben als Upanishaden.

Vedânta und Sânkhya liegen weit auseinander. Der Vedânta, dessen feste Grundlage in den Upanishaden, den ältesten philosophischen Traktaten der Inder, vorliegt, ist streng monistisch und idealistisch – die indische All-Eins-Lehre. Der Atman-Brahman, die heilige Weltseele, ist der Urgrund alles Seins, aus ihm allein ist Alles, ist die gesamte Welt hervorgegangen, wie die Funken aus dem Feuer springen, wie das Spinngewebe aus dem Leibe der Spinne hervorgeht, wie die Töne aus der gespielten Laute herausquellen. Unsere eigene Seele aber ist im innersten Kern mit dieser Weltseele identisch. Nur ein Irrtum lässt uns überall Verschiedenheit sehen, denn in Wahrheit ist das ganze All nur Eins, das ἕν καὶ πᾶν – und das principium individuationis ist bloß eine Täuschung, durch Unwissenheit erzeugt, bloß ein Schein.

Wer diese Täuschung erkennt, diesen Schein durchschaut, in Allem nur das Eine sieht – den einen Herrn –, sich selbst als identisch mit dem Atman-Brahman erkennt, der ist erlöst. Die Sânkhya-Philosophie ist im Gegensatz dazu streng dualistisch, realistisch und rationalistisch. Sie geht von dem aus, was die empirische Beobachtung uns darbietet. Die Materie (Natur) auf der einen Seite, eine Vielheit individueller Seelen auf der anderen Seite, das sind nach dieser Lehre die beiden, total voneinander verschiedenen, gleicherweise ewigen Prinzipien, aus denen diese Welt zusammengesetzt und aufgebaut ist. Die vielen individuellen Seelen sind in die Körper gebannt, sie wandern durch die Körper, von einem zum andern, bis endlich die Seele zu der Erkenntnis ihrer totalen wesenhaften Verschiedenheit von dem Körper gelangt. Dann ist sie erlöst, dann wandert sie nicht weiter nach dem Tode, ist für immer von dem Körper befreit.

Von einem Gott, von einer Weltseele ist in diesem System nicht die Rede. Wie war es möglich, in ein und demselben Dichterwerke so fundamental verschiedene Lehren wie Sânkhya und Vedânta zu vereinigen, zu mischen oder auch nur nebeneinander zu verkünden? Und wie ging es zu, wie ließ es sich erklären, dass ein Gedicht von so ausgesprochen theistischer Tendenz wie die Bhagavadgîtâ, der Verherrlichung des großen Gottes Krishna-Vishnu gewidmet, gerade die Sânkhya-Lehre sich zur philosophischen Grundlage erwählen konnte, – die Sânkhya-Lehre, deren atheistischer Charakter so deutlich hervortrat? Hier lagen große Rätsel verborgen. Doch sie sollten nicht vergeblich ihrer Lösung harren.

Diese Lösung wurde in zielbewusster Weise vorbereitet durch die gründliche Erforschung der altindischen Philosophie, der sich die europäischen Indologen insbesondere in den letztvergangenen drei Jahrzehnten mit großem Erfolge gewidmet haben. Gerade die deutschen Gelehrten sind an dieser Arbeit in erster Linie beteiligt gewesen, allen voran Paul Deussen und Richard Garbe, welche beide sich ein unvergängliches Verdienst um diesen Zweig der Forschung erworben haben.

Doch der erste Anstoß, durch welchen der philosophische Inhalt der Bhagavadgîtâ in ein ganz unerwartet neues Licht gestellt werden sollte, erfolgte von anderer Seite her. Er ging von dem scharfsinnigen und gelehrten Jesuitenpater Joseph Dahlmann aus, der sich mit großer Energie in das gewaltige indische Epos und die überaus schwierige Frage seiner Entstehung und Zusammensetzung hineingearbeitet hatte. Dahlmann veröffentlichte zunächst i. J. 1895 ein geistvolles Buch über das Mahâbhârata als Epos und Rechtsbuch und ließ demselben schon in dem darauffolgenden Jahre ein glänzend geschriebenes Werk über den wichtigen Begriff des Nirvâna folgen, das als Studie zur Vorgeschichte des Buddhismus bezeichnet war, in der Tat aber weit mehr bot, als sich nach diesem Titel erwarten ließ.

In diesem Buch untersuchte der Verfasser mit großem Scharfsinn die älteste Entwicklung der Philosophie bei den Indern, kam vielfach zu neuen Resultaten und versuchte, auf Grund derselben ebenso kühn wie energisch eine neue Konstruktion der Entstehung und Entwicklung des indischen Denkens. Er bemühte sich zu zeigen, dass der nüchtern rationalistischen und atheistischen Sânkhya-Philosophie, wie sie uns aus den erhaltenen Lehrbüchern des indischen Mittelalters bekannt ist, eine ältere, noch ganz und gar theistische Form ebenderselben Philosophie vorausgegangen sein möchte. Und er findet diese ältere Form der Sânkhya-Philosophie in dem großen Epos Mahâbhârata, insbesondere auch in der berühmtesten philosophischen Episode desselben, unsrer Bhagavadgîtâ, erhalten. Was man früher als das Resultat eines Synkretismus, einer Verschmelzung von Sânkhya und Yoga mit theistischen und vedântistischen Elementen ansah, das erklärte Dahlmann kühn für das Ältere, Ursprünglichere, aus dem die uns bekannte Form der rationalistischen und atheistischen Sânkhya-Lehre erst auf dem Wege einer Jahrhunderte langen Umbildung sich entwickelt hätte.

Durch diese Theorie wurde der Bhagavadgîtâ, wie auch den anderen philosophischen Partien des Mahâbhârata ein sehr viel höherer Wert zugesprochen, als man ihnen früher beizumessen wagte; und es steht dieselbe in deutlichem Zusammenhang mit Dahlmanns Ansicht von dem hohen Alter, dem organischen Wachstum und durchaus einheitlichen Charakter des Mahâbhârata, welches er sich schon lange vor Buddha entstanden und ohne wesentliche Veränderung erhalten denkt, im Gegensatz zu der herrschenden Theorie einer mehrfach stattgefundenen tiefgreifenden Überarbeitung, die übrigens auch in der Tradition eine starke Stütze hat.

Im Ganzen hat Dahlmanns geistreich und scharfsinnig verfochtene Hypothese bei den kompetenten Fachgenossen nur wenig Beifall gefunden. Speziell der Theorie, dass die Bhagavadgîtâ und verwandte philosophische Teile des großen Epos eine ältere, resp. die älteste Form der Sânkhyalehre uns darböten, ist einer der vorzüglichsten Kenner der altindischen Philosophie, Hermann Jacobi, mit nüchterner Kritik sehr bestimmt entgegen getreten. Sie fand auch sonst entschieden mehr Ablehnung als Beistimmung, trotzdem Dahlmanns Buch überaus fesselnd geschrieben ist und die Theorie in seiner Darstellung etwas sehr Bestechendes hat. Die meisten Forscher – so Garbe, Jacobi, Pischel u. a. – hielten an der Anschauung fest, dass wir in der Bhagavadgîtâ und den verwandten philosophischen Texten des Mahâbhârata, im ganzen, d. h. in der vorliegenden Form, nichts Altes und Ursprüngliches vor uns haben, vielmehr jüngere Entwicklung, Weiterbildung, Kontamination und Verschmelzung verschiedener Lehren, somit also Texte von nur mäßiger Bedeutung für die Geschichte der indischen Philosophie.

Diesen Standpunkt klar und bestimmt, mit ebenso viel Scharfsinn wie gründlichster Sachkenntnis, unter Aufstellung wesentlich neuer Gesichtspunkte verfochten und bis in seine letzten Konsequenzen hinein verfolgt zu haben, ist das unleugbare Verdienst von Richard Garbes Übersetzung der Bhagavadgîtâ und der ihr vorausgeschickten, eingehenden und hochinteressanten Einleitung. Wenn dabei Dahlmanns energischer Vorstoß in ganz anderer Richtung unberücksichtigt bei Seite liegen blieb, so tut das dem Werte des von Garbe hier positiv Gebotenen keinen wesentlichen Eintrag.

Adolf Holtzmann, der Jüngere, glaubte die Widersprüche in der Bhagavadgîtâ in der Weise erklären zu können, dass er annahm, das Gedicht habe in seiner ursprünglichen Form einen ganz pantheistischen Charakter getragen, sei aber dann in dem Sinne einer speziellen Verehrung des Krishna-Vishnu, des zum Gotte erhobenen epischen Helden, theistisch umgearbeitet worden. Gerade umgekehrt will R. Garbe die Sache angesehen wissen. Er betont mit Recht, dass der ganze Charakter des Gedichtes, seiner Anlage und Ausführung nach, überwiegend theistisch sei: »Ein persönlicher Gott, Krishna, tritt auf, in der Gestalt eines menschlichen Helden, trägt seine Lehren vor, fordert von dem Hörer neben Pflichterfüllung vor allen Dingen gläubige Liebe zu ihm und Ergebung, offenbart sich dann in besonderer Gnade in seiner überirdischen, aber immer noch menschenähnlichen Gestalt, und verheisst dem Gläubigen als Lohn der Gottesliebe, dass dieser nach dem Tode zu ihm eingehen, in die Gemeinschaft Gottes gelangen werde«. Dieser persönliche Gott Krishna, dessen Verehrung die ursprüngliche Fassung des Gedichtes mit Hilfe der Sânkhya-Yoga-Lehre philosophisch zu fundieren gesucht hätte, sei dann erst später, durch eine vedântistische Überarbeitung des Textes, die auch in anderen Teilen des Mahâbhârata sich erkennen lasse, zum Allgott erhoben worden.

Krishna ist die große Gestalt, die im Mittelpunkte der Bhagavadgîtâ steht. Er ist selbst der Bhagavant, der Erhabene, als dessen Sang (Gîtâ) das Gedicht bezeichnet wird. Er ist es, nach dem auch die alte monotheistische Sekte der Bhâgavatas sich benennt, als deren vornehmstes Erbauungsbuch wir die Bhagavadgîtâ zu betrachten haben, ja der sogar aller Wahrscheinlichkeit nach als der Stifter dieser Sekte anzusehen ist. Davon geht Garbe aus und darauf legt er mit Recht ein besonderes Gewicht.

Krishna, der Sohn des Vasudeva und der Devakî, der schon in der Chândogya-Upanishad erwähnt wird, und zwar in sehr charakteristischem Zusammenhang mit ausgesprochen ethischen Lehren, er ist bekanntlich einer der Haupthelden des Mahâbhârata, speziell der nationale Held des Stammes der Yâdava, dem er entsprossen. Aber er ist nicht nur ein sagenhafter Held, er ist ein wirklicher Mensch, eine historische Person gewesen, ein streitbarer Krieger, der zugleich Religionsstifter war, der in seinem Volke und unter den verwandten Nachbarstämmen eine theistische, resp. monotheistische Religion begründete, die in der Folge eine starke Lebenskraft bewährt hat und durch Râmânuja im 12. Jahrhundert nach Chr. neu reformiert zu hoher Bedeutung gebracht ward, die bis in die Gegenwart noch fortdauert. Es war von Anfang an eine populäre Religion, die, unabhängig von der vedischen Überlieferung und von dem eigentlichen Brahmanentum, wahrscheinlich von vornherein die moralische Seite betonte, eine kraftvoll ethische

Kshatriya-Religion, jener von Garbe schon früher so eindrucksvoll geschilderten Zeit entsprossen, in welcher die Krieger und Könige in Indien so vielfach an Stelle der Priester die geistige Führung an sich gerissen hatten. Einige Jahrhunderte vor Buddha dürfte dieser Held, im doppelten Sinne des Wortes, wohl gelebt haben, der nach seinem Tode dann selbst zum Gott erhoben, resp. als eine Verkörperung des von ihm verkündigten und gefeierten großen einen Gottes betrachtet wurde.

Einem Zuge der Zeit und des Volkscharakters folgend, bemühte man sich nachmals, die Verehrung dieses vergöttlichten Religionsstifters Krishna auch philosophisch tiefer zu studieren, und verwendete dazu das altberühmte System der Sânkhya-Lehre (resp. Sânkhya-Yoga), dessen realistischen und dualistischen, rationalistischen und atheistischen Charakter ich bereits oben mit kurzen Zügen zu schildern versucht habe, ebenso wie seinen naturgemäß scharfen Gegensatz zu der ganz idealistischen All-Eins-Lehre des Vedânta, der Upanishaden. Diese Verbindung des ursprünglichen Monotheismus der Bhâgavatas mit den Lehren des Sânkhya-Yoga »erforderte – wie Garbe hervorhebt – mancherlei Umdeutungen und Entstellungen der beiden Systeme; denn nur so konnte der Theismus der Bhâgavatas mit den Lehren des ausgesprochen atheistischen Sânkhya-Systems und des nur äußerlich mit einer theistischen Etikette versehenen Yoga-Systems verbrämt werden. Wenn deshalb die Gîtâ zahlreiche Abweichungen von den ersten Sânkhya-Yoga-Lehren, d. h. von den in den Lehrbüchern der beiden Systeme vertretenen Anschauungen aufweist, so wäre es ganz verfehlt, hier ältere Stufen des Sânkhya-Yoga zu erblicken«.

In der Folge wäre dann noch Krishna mit dem großen brahmanischen Gotte Vishnu identifiziert und die sektiererische Religion der Bhâgavatas durch diesen Prozess dem eigentlichen Brahmanentum ganz einverleibt worden. Dies wäre nach Garbe der Standpunkt des echten alten Gedichtes der Bhagavadgîtâ gewesen: Verehrung des zum Gotte erhobenen, mit Vishnu identifizierten Krishna, nicht ohne Gewaltsamkeit aufgebaut auf der philosophischen Grundlage der Sânkhya-Yoga-Lehre.

Viel später, als dann die All-Eins-Lehre des Vedânta zur Vorherrschaft gelangte und in immer weiteren Kreisen populär wurde, so dass diese Bewegung auch das große Epos berührte und stark in Mitleidenschaft zog, hätte nach Garbes Darstellung eine vedântistische Überarbeitung der Bhagavadgîtâ, wie auch anderer Teile des Mahâbhârata, stattgefunden – seiner Berechnung nach etwa im 2. Jahrhundert nach Chr. Und damit erst wäre dem berühmten Gedichte diejenige Fassung gegeben worden, in welcher dasselbe auf uns gekommen ist. Kein Wunder also, dass es an Widersprüchen und Unstimmigkeiten aller Art nur allzu reich ist.

In seiner Übersetzung hat Garbe den kühnen Versuch gemacht, die von ihm vorausgesetzten Zusätze, im Sinn und Geiste der Vedânta-Lehre, in der Weise auszuscheiden, dass er sie durch kleineren Druck charakterisierte. Er glaubte dadurch mehrfach einen besseren Zusammenhang des Textes wiederhergestellt zu haben, als die überlieferte Form des Gedichtes ihn uns darbietet.

Ganz anders sieht Deussen die Sache an, ganz anders und weniger gewaltsam lösen sich in seinen Augen jene scheinbaren und wirklichen Widersprüche und Unstimmigkeiten der Bhagavadgîtâ.

Ein Jahr nach dem Erscheinen von Garbes Übersetzung der Bhagavadgîtâ ließ Deussen die seinige erscheinen, und zwei Jahre darauf (1908) kam die dritte Abteilung des ersten Bandes seiner Allgemeinen Geschichte der Philosophie heraus, in welcher die nachvedische Philosophie der Inder, darunter auch die Philosophie des Epos, die Philosophie der Bhagavadgîtâ in grundlegender, sehr überzeugender Weise behandelt wurde.

Schon in dem Vorwort zu seiner Übersetzung der »Vier philosophischen Texte des Mahâbhâratam« spricht sich Deussen dahin aus, dass er in der Bhagavadgîtâ nicht das Produkt eines philosophischen Synkretismus, nicht eine Mischphilosophie, sondern eine Übergangsphilosophie zu sehen geneigt sei, nicht das Resultat wiederholter Vermengung verschiedener Systeme, sondern ein organisch gewachsenes Denken, das den Übergang von der alten Philosophie der Upanishaden zu den späteren Systemen bildete. Und wenn er in seiner Übersetzung das Wort sânkhya durch »Reflexion« oder »berechnende Überlegung«, das Wort yoga durch »Hingebung«, »Verinnerlichung«, »Meditation« wiedergibt, so ließ sich schon daraus entnehmen, dass Deussen unter diesen Worten etwas wesentlich anderes verstehe als die später wohlbekannten Systeme, welche den Namen Sânkhya und Yoga tragen.

Bestätigung und weitere Aufklärung ließ nicht lange auf sich warten. In der dritten Abteilung des ersten Bandes seiner Allgemeinen Geschichte der Philosophie schildert uns Deussen in der Tat die Philosophie des epischen Zeitalters, speziell auch die Philosophie der Bhagavadgîtâ als eine Übergangsphilosophie der soeben angedeuteten Art, für welche er die Zeit etwa von dem Jahre 500–200 vor Chr. in Anspruch nimmt. Er weist mit vollem Rechte darauf hin, dass schon die Sprache und die Metrik des großen Epos in der Mitte stehen und einen Übergang bilden von der Zeit des Veda zu derjenigen des klassischen Sanskrit, im indischen Mittelalter. »Mehr aber noch als Sprache und Metrum sind es die im Mahâbhârata vorliegenden philosophischen Gedanken welche unzweifelhaft das verbindende Mittelglied zwischen der Vedaphilosophie der Upanishaden und den philosophischen Systemen der klassischen Zeit, vor allem dem späteren Sânkhya bilden«. »Und wo sonst, wenn nicht in diesen, nach Sprache, Metrik und Gedanken zwischen der vedischen und der klassischen Literatur die Mitte haltenden epischen Texten hätten wir den Übergang vom Idealismus der älteren Upanishads zum Realismus des klassischen Sânkhya zu suchen? –

Freilich sind diese nicht die ursprünglichen (für uns verlorenen) Denkmäler jenes Entwicklungsganges, sondern enthalten nur deren poetische Reflexe im Geiste der Mahâbhârata-Dichter, welche keine systematischen Denker waren und daher oft ältere und jüngere Gedanken in einer wenig zusammenstimmenden Weise bunt durcheinander mischen. In diesem Sinne ist nichts dagegen einzuwenden, wenn man in ihrer Philosophie eine Mischung sieht, nicht sowohl zwischen der Upanishadlehre und dem klassischen Sânkhya, als vielmehr zwischen den verschiedenen Phasen, welche von jener zu diesem im Verlaufe mehrerer Jahrhunderte übergeleitet haben«.

Die letztere Bemerkung Deussens stimmt durchaus zu der früher von uns angeführten Äußerung Wilhelm von Humboldts. Im übrigen zeigt sich seine Annahme und Feststellung einer in den epischen Texten uns erhaltenen Übergangsphilosophie ganz unleugbar nahe verwandt mit der Theorie Dahlmanns von einer im Epos, und speziell auch in der Bhagavadgîtâ, aufbewahrten älteren Form der Sânkhya-Lehre, die sich von der späteren atheistischen Lehre dieses Namens durch einen kraftvollen theistischen Zug deutlich genug unterschieden und an die ältere Spekulation über das Brahman-Atman angelehnt hätte, resp. aus ihr hervorgewachsen wäre. Ein Sânkhya also, das noch tatsächlich Brahmavidyâ, d. h. noch Brahman-Wissenschaft war.

Allerdings wären nach Deussens Ansicht die Worte Sânkhya und Yoga in den epischen Texten überhaupt noch gar nicht als Bezeichnungen philosophischer Systeme zu fassen, wie dies in späteren Zeiten der Fall ist. »Ursprünglich aber haben sie eine andere Bedeutung und sind nur verschiedene Methoden, um zu demselben Ziele, nämlich zur Erlangung des Atman zu führen, welcher einerseits als die ganze unendliche Welt sich ausbreitet, andererseits voll und ganz im eigenen Inneren zu finden ist. Im ersteren Sinne kann der Atman erfasst werden durch Reflexion über die mannigfaltigen Erscheinungen der Welt und ihre innere Wesensidentität, und diese Reflexion heisst Sânkhya (von sam + khyâ, berechnen, reflektieren); andererseits ist der Atman ergreifbar durch Zurückziehung von der Außenwelt und Konzentration auf das eigene Innere, und diese Konzentration heisst Yoga«.

»Die Philosophie der epischen Zeit ist aus der Atmanlehre der Upanishads hervorgewachsen und schließt sich zunächst an diese an, um sich erst nach und nach von derselben zu entfernen«. Neben reinen Upanishadgedanken finden wir daher in den epischen Texten auch vielfach andersartige Gedanken und Lehren, unter denen die Ansätze und weitentwickelte Ansätze zu den späteren Systemen des Sânkhya und Yoga oft schon recht deutlich hervortreten. Die Gedanken der All-Eins-Lehre, der Upanishaden oder des Vedânta, wären darnach aber doch durchaus als die älteren zu betrachten; diejenigen, welche zu dem späteren Sânkhya und Yoga stimmen, als die jüngeren. Die historische Darstellung muss sich bemühen, »deutlich zu sondern, was im Epos durcheinander wogt, und zu zeigen, wie der ursprüngliche Idealismus der Upanishadlehre nach und nach zum Realismus des Sânkhya-Systems sich verhärtet«.

Wie man sieht, eine durchaus andere Ansicht als diejenige, für welche Garbe eintritt. Sie hat vor der letzteren den unleugbaren Vorzug, dass unter diesem Gesichtspunkt die Philosophie der Bhagavadgîtâ, wie diejenige des Epos überhaupt, als ein ganz natürlich und einfach, organisch gewachsenes Gebilde sich darstellt, welches aus der in den philosophischen Texten der jüngsten Vedaperiode, den Upanishaden, verkündeten All-Eins-Lehre, der Atman-Philosophie oder Brahman-Wissenschaft, ganz unmittelbar hervorgeht, um dann allmählich und ganz naturgemäß zu späteren Lehren und Systemen hinüber zu leiten. Die Annahme gewaltsamer Konstruktionen und Überarbeitungen, die geflissentlich bemüht gewesen wären, den ursprünglichen Charakter der ursprünglich hier verkündeten philosophischen Gedanken zu verwischen und zu verdecken, die Annahme der ganz unnatürlichen Zusammenschweissung einer ausgesprochen theistischen Religion mit einer ebenso ausgesprochen atheistischen Philosophie, kommen in Wegfall. Und ein weiterer Vorzug in Deussens Betrachtung ist seine umfassende Heranziehung der anderen philosophischen Texte des Mahâbhârata, zu denen die Bhagavadgîtâ gehört und in deren Mitte sie durchaus organisch hineinpasst. Man hat den Eindruck einer durchaus gut möglichen Entwicklung.

Und es liegt auf der Hand, dass eine theistische Religion, wie der Held und Religionsstifter Krishna sie nach Garbes überzeugenden Ausführungen verkündet zu haben scheint, nicht nur sehr natürlich in der letzten Vedazeit Verwachsen konnte, die an monotheistischen Neigungen und Ansätzen auch sonst noch so manches aufweist, resp. in der Zeit des Übergangs vom Veda zum Epos, sondern dass auch eine solche Religion sich recht einfach und natürlich mit der Atman-Brahman-Lehre der Upanishads verbinden mochte, weit natürlicher als mit einer ausgesprochen atheistischen Lehre, wie die eigentliche Sânkhya-Philosophie dieselbe darbietet.

Gerade unter dieser Voraussetzung versteht man sehr viel besser, wie der kraftvolle Theismus der Krishna-Religion, der innige Gottesglaube, die hingehende Gottesliebe, die sogen. Bhakti der Bhâgavatas, sich unentstellt auf der philosophischen Grundlage erheben und erhalten konnte, die man ihr untergebaut hatte. Entwicklungsansätze und kräftig vorschreitende Gedanken in ganz anderer Richtung waren damit, wie wir bereits bemerkt haben, nicht ausgeschlossen.

Dass aber die Gottesliebe nach der Bhagavadgîtâ der Gipfel aller Weisheit ist, dass dieser erhabene religiöse Begriff geradezu den Grundton der Bhagavadgîtâ bedeutet, auf den alles gestimmt ist, in dem alles ausklingt; und dass gerade dadurch dies Gedicht als Lehrbuch der Bhâgavatas deutlich hervortritt, hat Garbe selbst sehr eindrucksvoll geschildert. Die Bhagavadgîtâ ist, wie er sagt, »das Hohelied der Bhakti, der gläubigen und vertrauensvollen Gottesliebe. Sowohl auf dem Wege der Erkenntnis wie auf dem der selbstlosen Pflichterfüllung führt die Liebe zu Gott mit unbedingter Sicherheit zum Ziel. Von diesem Gedanken ist das ganze Gedicht erfüllt, um ihn zu verkünden, ist es verfasst worden«.

Das ist in der Tat der herzerwärmende, begeisternde Kern des herrlichen Gedichtes, die zentrale Kraft desselben, die das Ganze durchstrahlt und in Verbindung mit den erhabensten philosophischen Gedanken ihm immer aufs Neue, in Ost und West, die Herzen erobert hat. Als die köstlichste Frucht dieses Wunderbaums aus dem fernen Osten erscheint aber weiter jene reine, strenge, erhabene, mannhaft tapfere Sittenlehre, deren wir bereits gedacht haben, deren ganze Schönheit aber nur das Gedicht selbst offenbaren kann.

Ich verzichte darauf, den Inhalt desselben hier auch nur in flüchtigen Strichen zu zeichnen. Es ist besser, den Text selbst reden zu lassen, auch aus dem Grunde, weil eine eigentliche Gedankenentwicklung gar nicht vorliegt. Gleich in seiner ersten Rede, ja in den ersten Versen derselben, offenbart Krishna den innersten Kern seiner Weisheit, zu dem er auf den verschiedensten Wegen immer wieder zurückkehrt. Es ist ganz richtig, was Richard Fritzsche in seiner schönen Besprechung von Deussens »Vier philosophischen Texten des Mahâbhârata«, deren Perle ja die Bhagavadgîtâ darstellt, darüber bemerkt: »Die Texte lassen sich wie in Bibelsprüche zerlegen und zeigen auch keinen eigentlichen Gedankenfortschritt, sondern es ist, wie Goethe im Westöstlichen Divan sagt«:

»Dein Lied ist drehend wie das Sterngewölbe, Anfang und Ende immerfort dasselbe«.

Leopold von Schroeder

ERLÄUTERUNGEN ZUR BHAGAVADGITA

DIE BHAGAVAD GITA *(Sanskrit: gītā – Lied, Gedicht; bhagavan – Herr, Gott; ›der Gesang Gottes‹)*, verkürzt auch nur Gita, ist eine der zentralen Schriften des Hinduismus. Sie hat die Form eines spirituellen Gedichts. Der vermutlich zwischen dem fünften und dem zweiten vorchristlichen Jahrhundert entstandene Text ist eine Zusammenführung mehrerer verschiedener Denkschulen des damaligen Indien auf Grundlage der Veden, der Upanishaden, des orthodoxen Brahmanismus, des Yoga u. a. m., steht aber den Upanischaden gedanklich am nächsten.

Hindus betrachten die Lehren der Bhagavadgita traditionell als Quintessenz der Veden. Beim Studium ergeben sich oft scheinbare Widersprüche: Während einige Stellen anscheinend einen Dualismus lehren – die Zweiheit von Natur und Geist, von Gott und Mensch –, lehren andere die Einheit. Durch diese unterschiedlichen Auslegungsmöglichkeiten ist das Gedicht Mittelpunkt für die verschiedensten Glaubensrichtungen.

Vier Manuskripte der Bhagavad Gita aus dem 19. Jahrhundert

Die Gita, wie sie in Indien verkürzt genannt wird, besteht aus 700 Strophen, die auf 18 Gesänge bzw. Kapitel verteilt sind. Sie ist Teil des etwa 100.000 Strophen umfassenden Epos Mahabharata und umfasst die Gesänge 25 bis 42 des 6. Buches.

Der größte Teil des Werkes besteht aus je zwei Verszeilen, die aufeinander bezogen sind. Jede Verszeile setzt sich aus zwei achtsilbigen Reihen zusammen. Beispiel (1. Gesang, Vers 47):

Und Arjuna sank leiderfüllt (8 Silben)
Auf seines Wagens Sitz zurück, (8 Silben)
Der Bogen glitt ihm aus der Hand, (8 Silben)
Und Gram umflorte seinen Blick. (8 Silben)

In einigen Strophen wird von diesem Metrum ohne erkennbaren Grund abgewichen. – Die Treffsicherheit des Ausdrucks und der Hauch des Weihevollen, die dem Urtext eigen sind, lassen sich bei einer Übersetzung nicht voll übertragen. Eine weitere Schwierigkeit besteht darin, dem Original treu zu bleiben und dennoch Metrum und Reim zu erhalten.

Hintergrund

Die Lehren der Bhagavad-Gita sind eingebettet in einen umfangreichen episch-dramatischen Kontext, in das Epos ›Mahabharata‹ (›Großes Indien‹). Die Söhne des Fürsten Pandu werden von ihrem Onkel Dhritarashtra aus dem Stamm der Kurus und von dessen Söhnen um ihren rechtmäßigen Thronanspruch betrogen und sind immer wieder Verfolgungen ausgesetzt. Schließlich kommt es auf dem Schlachtfeld von Kurukshetra, der ›Stätte der Kurus‹, zu einer großen Schlacht. Arjuna, der dritte der Söhne des Pandu, befindet sich in einem persönlichen Konflikt zwischen seiner Pflicht als Fürst und dem rechtmäßigen Anspruch seiner Familie auf Land und Thron und der Zuneigung zu seinen Verwandten auf der Gegenseite. Er ist »von Furcht überwältigt« und weigert sich zu kämpfen. Auf seinem Streitwagen (sanskrit: Ratha) befindet sich Krishna als Wagenlenker. Dieser versucht Arjuna durch religiös-philosophische Unterweisung aus seinem Zwiespalt zu befreien und zum Kampf zu bewegen.

Mag es auch einen historischen Hintergrund für diese Schlacht geben, der Text der Bhagavadgita ist nicht als geschichtlich zu betrachten. Viele Hindus sehen ihn als Allegorie.

Spirituelle Tradition

Die Gita fußt auf einer spirituellen Tradition, die sich von den ältesten indischen Vers-Sammlungen, dem Rig-Veda bis hin zu den Upanischaden, erstreckt. Sie akzeptiert dabei im Grundsatz die spirituellen Überlieferungen; kritisiert aber auch bestimmte Vorstellungen, und geht in ihren höchsten spirituellen Inspirationen über das vergangene Wissen hinaus. Insbesondere gibt sie Bhakti Yoga und Karma Yoga einen neue, bisher ungenannte Wertschätzung.

Kurzübersicht

1. Gesang *Niedergeschlagenheit*: Arjuna bittet Krishna, ihn zwischen die beiden Heere zu fahren. Als er auf der Seite der Kurus einen Großteil seiner Verwandten erblickt, hält er es für ungerechtfertigt, gegen sie zu kämpfen.

2. Gesang *Yoga der Erkenntnis*: Arjuna will nicht kämpfen. Krishna spricht zu ihm als Lehrer. Nur die Körper seien vergänglich; der unvergängliche, ungeborene, ewige Geist im Menschen aber könne nicht getötet werden. Er appelliert dann weiter an seine Ehre als Krieger, und dass es seine Pflicht sei, einen gerechten Kampf zu führen. Allgemeiner führt er aus, dass eine Tat in Gleichmut und Andacht geschehen soll und ohne auf den Erfolg der Tat zu spekulieren. Er soll seine Sinne bändigen und auf den Höchsten schauen (Samkhya-Philosophie)

3. Gesang *Yoga des Handelns*: Arjuna will wissen, warum er kämpfen soll, wo doch die Erkenntnis wichtig sei. Krishna sagt, dass er handeln müsse, weil die in uns wohnende Natur zum Handeln zwinge. Ein Mensch, der sich zum Nichtstun zwinge und doch an Sinnendinge denke, würde vom rechten Wege abgelenkt werden. Besser sei es, die auferlegte Tat frei von Eigennutz zu tun. Auch im Hinblick auf die Ordnung der Welt müsse er handeln; denn was der Beste tut, das tun die anderen Menschen auch.

4. Gesang *Göttliche Erkenntnis*: Krishna, der Avatar, erklärt, dass er bereits viele Geburten durchlebt hat und immer wieder diese unvergängliche Lehre des Yoga verkünde zum Schutz der guten Menschen und zu der Bösen Untergang. Und wer diese Wahrheit wirklich erkannt habe, werde nicht wiedergeboren und gelange zu ihm. Weiterhin sagt er, dass man dem Brahman auf viele Arten opfern könne, doch das Opfer der Erkenntnis sei das beste Opfer. Denn durch diese Erkenntnis erkenne man alle Wesen im Selbst und dann in ihm.

5. Gesang *Entsagung oder Yoga der Werke*: Arjuna fragt, was denn nun besser sei, sich der Tat zu enthalten oder die Tat zu üben. Krishna antwortet, dass beide Wege Heil bringen, doch höher als die Entsagung der Tat sei der Yoga des Wirkens zu bewerten. Beide Wege führten zum Ziel, doch sei wahrhafte Entsagung ohne Yoga nur schwer zu erreichen. Wer aber im Yoga lebend seine Sinne bezwungen habe und mit aller

Wesen Seele eins sei, werde durch sein Handeln nicht verstrickt. Und wer Brahman als den Herrn der Welt erkannt habe, der alle Opfer und Anstrengung mit Freuden annehme, gelange zum wahren Frieden.

6. Gesang *Yoga der Besinnung*: Krishna beschreibt Arjuna die rechte Körperhaltung für die Meditation und nennt ihm den rechten Lebenswandel für Arbeiten, Essen und Schlafen. Er sagt, dass sich durch die rechte Andachtshaltung Gedanken und Sinnenerregung allmählich beruhigen. Dann kann durch das beständige, achtsame Leben im Selbst das Brahman-Nirvana erreicht und damit grenzenloses Glück erlangt werden.

7. Gesang *Yoga der Erkenntnis und Weisheit*: Krishna verkündet Arjuna wie er Yoga übend, Herz und Sinne auf ihn gerichtet, das Wissen vollständig erlangen kann (was nur wenigen gelingt). Er sagt, dass er in seiner niederen Natur die materielle Welt darstellt, in seiner höheren Natur aber alles aus ihm stammt, von ihm erhalten wird und alles Sein in ihm ist; er aber nicht in ihr. Wer zu einer Gottheit strebt, dem wird zuteil, was er verlangt. Wer sich aber ihm zuwendet, überwindet das Scheinbild der Natur und gelangt zu ihm, dem Ungeborenen, Ewigen – auch im Sterben.

8. Gesang *Das Höchste Göttliche*: Auf die entsprechenden Fragen von Arjuna antwortet Krishna: Brahman ist das ewige, höchste Sein, sein Wesen ist das höchste Selbst und die Schöpfung, welche den Ursprung der Wesen bewirkt, wird das Werk genannt. Wer seinen Körper verlässt und zur Zeit seines Endes in Gedanken an mich weitergeht, erlangt meinen Seinszustand. Wer dieses Denken zu allen Zeiten geübt hat, geht in mein Wesen ein, darüber kann kein Zweifel bestehen.

9. Gesang *Das Königswissen*: Krishna fordert von Arjuna, gut zuzuhören und spricht: Die Welt ist ausgespannt durch mich, alle Wesen sind in mir. Den Weg zu mir zu üben ist kinderleicht; doch ist es notwendig zu glauben, sonst verfehlt man mich. Ich bin zu allen Menschen gleich; doch die liebend mich verehren, die sind in mir und erreichen die höchste Bahn. Selbst ein großer Sünder, der mich verehrt, wird bald ein frommer Mann und geht zu ewigem Frieden ein. Wer sich mir liebend zuwendet, geht unabhängig von seiner Geburt, seinem Geschlecht oder seiner Kaste einstmals zu mir ein.

10. Gesang *Yoga der Offenbarung*: Arjuna ist von den Offenbarungen Krishnas tief beeindruckt und will wissen in welchem Zustand des Seins er den »Herrlichen« erkennen soll. Krishna antwortet, dass der »Höchste« keine Grenzen habe und er deshalb nur das Wichtigste aufzähle. Dann zählt er die Namen von Göttern, mythischen Gestalten und berühmten Menschen der Vergangenheit auf. Er sagt, dass der »Himmlische« die Seele der Welt sei und in aller Wesen Herz zu finden sei. Weiterhin nennt er Namen von Pflanzen und Tieren, erwähnt Begriffe aus Kunst und Wissenschaft. Er schließt mit der Aussage, dass er mit einem Teil seiner selbst, dieses Weltall erschaffen habe und dass immer dann, wenn ein herrliches Geschöpf in der Welt sei oder ein Wesen von Wissensmacht, Stärke und Schönheit sich zeige, dies ein besonderer Ausdruck seiner Größe und Kraft und seines Lichtes sei. (Theorie der Vibhutis)

11. Gesang *Schau der göttlichen Gestalt*: Arjuna wünscht von Krishna, mit eigenen Augen den Ewigen zu sehen. Der Erhabene »verleiht« ihm daraufhin ein »himmlisches« Auge, damit er die Gestalt des höchsten Gottes erkennen kann. Und Arjuna schaut die göttliche Gestalt mit dem Antlitz allerwärts gewandt, wie wenn das Licht von Tausend Sonnen am Himmel plötzlich hervorbräche. Und er sieht weder Ende, Mitte noch Anfang. Und er sieht die Götter und die Schar der Wesen in ihm enthalten. Er sieht den Herrn der Götter und des Alls auch als den Herrn der Zeit, der seine Geschöpfe in seinem »Rachen« verschlingt. Und er sieht wie die Menschen voller Hast zum Untergang eilen. Und der Erhabene sagt, dass auch die Kämpfer alle dem Tod verfallen sind. Und er, Arjuna, sei sein Werkzeug um jene zu töten, die bereits durch ihn »getötet« sind. Arjuna faltet seine Hände zitternd und verehrt den Höchsten.

12. Gesang *Yoga der liebevollen Hingabe*: Arjuna fragt, welche Gläubigen von Gott bevorzugt würden – diejenigen, die Gott als gestaltlos betrachten und verehren, oder diejenigen, die Gott den Allmächtigen in einer offenbarten Gestalt verehren? Krishna erklärt beide Arten der Verehrung als gleichermaßen gut, doch erfordere es mehr Mühsal sich dem Unsichtbaren zu weihen. Leichter sei es für denjenigen, der sein Denken ganz in ihn versenke. Wenn er dies nicht könne, soll er die

Andacht eifrig üben; sei er auch dazu zu schwach, soll er sein Tun ihm weihen; könne er auch dies nicht leisten, soll er andachtsvoll auf die Früchte aller Taten verzichten.

13. Gesang *Das Feld und der Kenner des Feldes*: Leib und die gesamte Natur werden von Krishna als das Feld bezeichnet. Der Feldkenner sei der Geist, der diesen Leib beseelt. Krishna sagt von sich selbst, dass er alle Felder hier kenne. Das Feld verändere sich zu jeder Zeit und nur durch Gleichmut gegen Äußeres und vollkommene Hingebung an ihn könne das anfanglose, höchste Brahman erreicht werden. Dieses höchste Brahman sei innerhalb und außerhalb der Welt, zugleich fern und nah und doch so fein, dass niemand (mit Sinnen) es wahrnehme. Es wohne im Herzen jedes Wesens und bleibe doch in Wahrheit ungeteilt.

14. Gesang *Über die drei Gunas*: Alle Gedanken, Worte und Handlungen sind erfüllt von sattva (Wahrhaftigkeit, Reinheit, Klarheit), rajas (Bewegung, Energie, Leidenschaft) oder tamas (Finsternis, Trägheit, Stabilität). Wer alles, was existiert, als Zusammenwirken dieser drei Seinszustände begreife, der könne Erkenntnis gewinnen. Auf die Frage von Arjuna, wie er denjenigen erkenne, der die drei Gunas besiegt habe, antwortet Krishna: Wer ruhig und gefasst bleibt beim ›Auftauchen‹ eines Gunas, stets den Gleichmut bewahrt, standhaft ist in Freud und Leid, wer gleich sich bleibt, wenn man ihn schmäht oder bewundert, wer jeder Tat (aus dem Ich) entsagt, der löst sich aus der Macht der Gunas. Ebenso gelingt dies demjenigen, der in unbeirrbarer Liebe nach mir sucht. Auch er gelangt über die drei Gunas hinaus und kann zu Brahman werden.

15. Gesang *Yoga des Höchsten Geistes*: Es folgt das Bild eines Baumes mit Wurzeln im Himmel, ohne Anfang und ohne Ende. Es ist notwendig dessen Triebe (Sinnesdinge), Äste und die feste Wurzel mit dem Beil des Gleichmuts und der »Nicht-Anhänglichkeit« zu fällen und den unbeweglichen Geist (Brahman) zu erreichen. Später heisst es dann, dass das höchste Selbst (Purushottama) größer ist als dieser unwandelbare Geist (akshara) und auch größer ist als der Geist, der zu den Dingen ward (kshara). Er sei es nämlich, der diese ganze Dreiwelt trage und als Herr durchwalte und umspanne. Wer dies wahrhaft erkenne, habe das letzte Ziel erreicht.

16. Gesang *Yoga der Unterscheidung*: Krishna nennt die Eigenschaften der Menschen, die mit ›göttlicher Natur‹ und die Eigenschaften derer mit ›dämonischer Natur‹. Menschen von dämonischer (asurischer) Wesensart sagen, es gibt kein sittliches Gesetz. Allein die Lust ›regiere‹ die Welt. Von Gier und Zorn durchbebt verschmähen sie den Gott, der in ihnen und den anderen lebt. Sie sinken herab zum tiefsten Ort und finden mich nie. Du aber, Arjuna, bist von göttlicher Wesensart. Darum handele stets so, wie es das Dharma verlangt.

17. Gesang *Dreigeteiltheit des Glaubens*: Neben dem Shastra (Gesetz, Ordnung, Wissenschaft) ist es der Glaube, der das Leben eines Menschen bestimmt. Auch der Glaube ist ebenso wie die Nahrung, das Opfer und die Buße in seiner Ausgestaltung von der Natur der Gunas beherrscht. Selbstquälerische Askese zählt Krishna dabei zur Natur des Dämonischen.

18. Gesang *Yoga des Entsagens*: Arjuna fragt, was der Unterschied sei zwischen Entsagung (Sannyasa) und Werkverzicht (Tyaga)? Krishna antwortet, dass der Mensch nicht auf jegliches Wirken verzichten kann. Auf Opfer, Spende und Askese soll in keinem Fall verzichtet werden. Wer auf die Früchte seines Handelns verzichtet und auf mich vertraut, von dem sagt man zu Recht dass er ein Entsagender sei. Wer den durch Pflichterfüllung ehrt, der dieses All durchdringt und aller Wesen Urgrund ist, erringt Vollkommenheit und wer dem Gesetz seiner Seele (Svadharma) folgt, gelangt zu mir (dem Purushottama). – Arjuna sagt, dass er sich besonnen hat und nach Krishnas Worten handeln will.

Wirkung

Diese achtzehn Kapitel des Epos haben das gesamte indische Geistesleben beeinflusst. Kein Text der Hinduliteratur wird so viel gelesen, so oft auswendig gelernt und so häufig zitiert, wie diese Verse. Viele Hindus ziehen das Buch als wichtigen Ratgeber heran und auch für Mahatma Gandhi war es von erheblicher Bedeutung:

»In der Bhagavadgita finde ich einen Trost, den ich selbst in der Bergpredigt vermisse. Wenn mir manchmal die Enttäuschung ins Antlitz starrt, wenn ich verlassen, keinen Lichtstrahl erblicke, greife ich zur Bhagavadgita. Dann finde ich hier und dort eine Strophe und beginne zu lächeln, inmitten aller Tragödien, und mein Leben ist voll von Tragödien gewesen. Wenn sie alle keine sichtbaren Wunden auf mir hinterlassen haben, verdanke ich dies den Lehren der Gita.«

Gandhi wollte dieses Werk noch mehr Menschen zugänglich machen. Darum verfasste er, obwohl kein Schriftgelehrter, eine Übersetzung in seine Muttersprache Gujarati und schrieb dazu auch eigene, knappe Kommentare. Diese Ausgabe widmete er den Armen, die wenig Geld für Bücher ausgeben können sowie denen, die selten Zeit zum Lesen haben; nach eigenen Worten den Frauen, Geschäftsleuten und Handwerkern.

Die Bedeutung der Bhagavadgita erstreckt sich jedoch nicht nur auf Indien, auch für viele Nicht-Hindus gehört sie zu den großen religionsphilosophischen Dichtungen der Weltliteratur. Al Biruni, ein persischer Universalgelehrter, hat sich mit ihr um das Jahr 1000 in seinem berühmten Buch über Indien, dem Kitab-al-Hind, beschäftigt. Um 1600 hat Abul Fazl, der Historiograf des Mogulherrschers Akbar des Großen, das Werk in persische Prosa übertragen.

1785 kam die Bhagavadgita, durch den Orientalisten Charles Wilkins übersetzt, nach Europa. August Wilhelm Schlegel, der Inhaber des ersten Lehrstuhls für Indologie in Deutschland an der Universität Bonn, ließ sich in Paris Buchstaben für den Satz des indischen Devanagari-Alphabets herstellen, um damit die ersten Sanskrit-Texte in Europa zu drucken. Das erste Buch war 1823 die Bhagavadgita mit einer lateinischen Übersetzung von August Wilhelm. Sie fand begeisterte Aufnahme und viele zeitgenössische Gelehrte verbreiteten sie unter ihren Schülern. Wilhelm von Humboldt schrieb 1825 bis 1826 zwei Abhandlungen darüber in den Schriften der Berliner Akademie. Er bezeichnete die Bhagavadgita als »... das schönste, ja vielleicht das einzig wahrhafte philosophische Gedicht, das alle uns bekannten Literaturen aufzuweisen haben«.

Die Bhagavad-Gita wurde in Versform unter anderem von Robert Boxberger (1870), Franz Hartmann (1904) Theodor Springmann (1920), und Leopold von Schroeder (1937) (ins Deutsche) und von Friedrich Rückert (ins Lateinische) übersetzt.

[Quelle dieses Anhangs: Wikipedia, gekürzt, editiert]

ಓಂ

ವಸುದೇವಸುತಂ ದೇವಂ ಕಂಸ ಚಾಣೂರ ಮರ್ದನಂ |
ದೇವಕೀಪರಮಾನಂದಂ ಕೃಷ್ಣಂ ವಂದೇ ಜಗದ್ಗುರುಂ || ೧ ||
ಅತಸೀಪುಷ್ಪಸಂಕಾಶಂ ಹಾರನೂಪುರ ಶೋಭಿತಂ |
ರತ್ನಕಂಕಣ ಕೇಯೂರಂ ಕೃಷ್ಣಂ ವಂದೇ ಜಗದ್ಗುರುಂ || ೨ ||
ಕುಟಿಲಾಲಕಸಂಯುಕ್ತಂ ಪೂರ್ಣಚಂದ್ರ ನಿಭಾನನಂ |
ಏಲಸತ್ಕುಂಡಲಧರಂ ಕೃಷ್ಣಂ ವಂದೇ ಜಗದ್ಗುರುಂ || ೩ ||
ಮಂದಾರಗಂಧಸಂಯುಕ್ತಂ ಚಾರುಹಾಸಂ ಚತುರ್ಭುಜಂ |
ಬರ್ಹಿಪಿಂಭಾವ ಚೂಡಾಂಗಂ ಕೃಷ್ಣಂ ವಂದೇ ಜಗದ್ಗುರುಂ || ೪ ||
ಉತ್ಫುಲ್ಲಪದ್ಮಪತ್ರಾಕ್ಷಂ ನೀಲಜೀಮೂತಸನ್ನಿಭಂ |
ಯಾಧವಾನಾಂ ಶಿರೋರತ್ನಂ ಕೃಷ್ಣಂ ವಂದೇ ಜಗದ್ಗುರುಂ || ೫ ||
ರುಕ್ಮಿಣೀಕೇಳಿಸಂಯುಕ್ತಂ ಪೀತಾಂಬರಸುಶೋಭಿತಂ |
ಆವಾಪ್ತತುಲಸೀಗಂಧಂ ಕೃಷ್ಣಂ ವಂದೇ ಜಗದ್ಗುರುಂ || ೬ ||
ಗೋಪಿಕಾನಾಂಕುಚದ್ವಂದ್ವಂ ಕುಂಕುಮಾಂಕಿತ ವಕ್ಷಸಂ |
ಶ್ರೀನಿಕೇತಂಮಹೇಷ್ಠಾಸಂ ಕೃಷ್ಣಂ ವಂದೇ ಜಗದ್ಗುರುಂ || ೭ ||
ಶ್ರೀವತ್ಸಾಂಕಂಮಹೋರಸ್ಕಂ ವನ ಮಾಲಾ ವಿರಾಜಿತಂ |
ಶಂಖ ಚಕ್ರ ಧರಂದೇವಂ ಕೃಷ್ಣಂ ವಂದೇ ಜಗದ್ಗುರುಂ || ೮ ||
ತರಳಕಟಾಕ್ಷ ಮಾತ್ರಗತಿಯಿಂ ದಿವಿಜಾಸುರಮರ್ತ್ಯಪನ್ನಗೋ |
ತ್ಕರಪರಿಖೇದಮಂ ಕಳೆದು ನಾಡಿ ಕೃತಾರ್ಥರೆನಲ್ಕೆ ಮಾರ್ವಿ ಭಾ||
ಸುರಸಿತಪದ್ಮಹಸ್ತ ಕಮಲಾಸನೆ ನೀರಜನೇತ್ರೆ ದುಗ್ಧಸಾ |
ಗರಸುತೆ ಸಿದ್ಧ ಲಕ್ಷ್ಮಿ ನಮಗೀಗೆ ವಶೋಽವಿಭವ ಪ್ರಸಿದ್ಧಿಯಂ || ೯||
ಅವಗುಣಕೋಟಿಯಂ ಮರೆದು ಸದ್ಗುಣಾಮೊಳ್ಸಿತುಳ್ಳೊಡಂತದಂ |
ಭುವನದೊಳ್ಳಿದೆ ಬಿಜ್ಜಳಿಸಿ ನಲ್ಕೆ ಮಿಗಲಾ ತಳೆದೂಗಿ ಮೆಚ್ಚಿ ಸೆ||
ಚೂರ್ವ ನಿರಸೂಯರಂ ವಿಗತಮತ್ಕರಂ ಸುಜನಿತ್ರಂ ಬುಧ |
ಪ್ರವರರರ್ಚಿಪಂ ಏಮಲವಾಕ್ಯ ಸುಮಾವಳಿಯಿಂದ ಮಾವಗಂ||

*Von der Bhagavadgita gibt es zahllose Abschriften und Drucke. Diese
Manuskriptseite wurde im 18. Jahrhundert im heutigen südindischen
Bundesstaat Karnataka hergestellt.*

Dieses Buch gibt es auch als eBook, z. B. im amazon Kindle bookstore